Susanne Scholl

RUSSLAND MIT UND OHNE SEELE

Susanne Scholl

RUSSLAND MIT UND OHNE SEELE

ecoWIN

Susanne Scholl
Russland mit und ohne Seele

Umschlagidee und -gestaltung: **kratkys.net** ✕

1. Auflage
© 2009 Ecowin Verlag, Salzburg
Lektorat: Dr. Brigitte Hilzensauer, Dr. Arnold Klaffenböck
Gesamtherstellung: www.theiss.at
Gesetzt aus der Sabon
Printed in Austria
ISBN 978-3-902404-74-9

1 2 3 4 5 6 7 8 / 11 10 09

www.ecowin.at

Inhaltsverzeichnis

Russland hat zwei Probleme:
die schlechten Straßen und die Idioten.

Nikolai Karamsin, russischer Schriftsteller, 1766–1826

Wir wollten das Beste, aber geworden ist es so wie immer.

Viktor Tschernomyrdin, russischer Regierungschef, 1992–1998

Bahnhof

Sie stehen festgefroren
im Erwarten.
Die Augen im Unendlichen,
wie blind.
Kühl schwingt die Schneeluft
neben den Geleisen.
Stille.
Rufe nur in weiter Ferne,
wie ungeliebte Worte
aus dem Nichts.
Das Bild erstarrt,
nichts regt sich.
Keine Stimme,
die sagt:
Da kommt er,
unser Zug zurück.

Unruhige Zeiten

Der Zug vom Flughafen in die Stadt ist eine Errungenschaft – wenn er fährt. An diesem verregneten Herbsttag hat er so viel Verspätung, dass ich überlege, ein Taxi zu nehmen. Auf dem Bahnsteig drängen sich die Massen, das Wasser fällt in Sturzbächen vom Himmel, und natürlich gibt es keine Erklärung dafür, warum der Zug, der vor fünf Minuten abfahren sollte, noch gar nicht da ist.

Ein Taxi zu nehmen wirkt aber auch nicht gerade einladend. Freitagnachmittag steht ganz Moskau im Stau. Egal, ob man hineinfährt oder aus der Stadt Richtung Datscha unterwegs ist, alles ist paralysiert. Wenn ich jetzt ein Taxi nehme, bin ich frühestens in drei Stunden zu Hause. Mit dem Zug brauche ich vierzig Minuten bis zum Pawelezki-Bahnhof und von diesem selbst bei schlimmstem Verkehrschaos höchstens zehn Minuten. (Da täusche ich mich. Später an diesem verregneten Freitagnachmittag werde ich eine Stunde für die Strecke brauchen, weil eben wirklich ganz Moskau buchstäblich still steht.) Aber wo bleibt der Zug?

Als ich schon alle Hoffnung aufgegeben habe und bereits beinahe am Ausgang des Bahnhofs angelangt bin, fährt der Zug ein. Also zurück in das unbeschreibliche Gedränge. Die Bitte an einen jungen Mann, ob er mir wohl helfen könnte, meinen großen, schweren Koffer über den ziemlich breiten Spalt zwischen Bahnsteig und Zug zu hieven, wird mit einem verächtlichen Lachen abgelehnt. Er habe selbst einen Koffer, sagt er und deutet auf ein winziges Boardcase neben sich. Willkommen zu Hause in Moskau.

Von der Menge geschoben, schaffe ich es trotzdem samt Koffer in den Zug, und dank langjährigen Moskau-Trainings ergattere ich sogar einen Sitzplatz, gegenüber von zwei jungen Männern. Der

11

eine hat meinen Koffer ins Gepäcknetz gehoben und auf meine Klage, dass niemand einem gesagt habe, warum der Zug sich um eine halbe Stunde verspätet hat, resigniert die Achseln gezuckt. Den Rest der Fahrt verbringt er abwechselnd mit Gesprächen an seinem Mobiltelefon – wie drei Viertel aller anderen Passagiere im Zug – und gemeinsam mit seinem Freund vor seinem Laptop. In Moskau hebt er wortlos meinen Koffer wieder herunter und ist dann sofort verschwunden.

Während der Fahrt schaue ich hinaus auf die Hochhäuser und Blechgaragen, an denen der Zug vorbeifährt. An einer langen, grün gestrichenen Mauer leuchten farbenprächtige Graffiti durch den Regen. Dazwischen in schwarzen Buchstaben die Aufschrift: „Der Kreml wird russisch!" Unterschrift: „Nazbol". Die Nationalbolschewisten also, eine Formation, die das Schlimmste an russischem Nationalismus und sowjetischem Hegemoniegehabe in sich vereint. Eine Organisation, die sich als Opposition zur derzeitigen politischen Elite versteht. Viele ihrer Mitglieder sitzen wegen provokanter Aktionen im Gefängnis. Während des Georgien-Krieges haben sie dazu aufgerufen, für Südossetien und Abchasien in die Schlacht zu ziehen. Mit einem Wort: eine Gruppe sehr verwirrter, sehr radikal russisch-nationalistisch eingestellter Menschen, die finden, der Kreml sei nicht russisch.

Als ich später eine Freundin frage, was sie damit wohl meinten, zuckt sie die Achseln und sagt: „Na, die meinen, dass dort lauter Juden sitzen." Und in Russland sind eben immer noch die Juden für alles verantwortlich, was schlecht ist. Gemeinsam mit den Tschetschenen und überhaupt allen Kaukasiern, Usbeken, Tadschiken und wie sie heißen mögen, die eben keine „echten Russen" sind. Auch damit heißt Moskau jeden willkommen, der mit dem Zug vom Flughafen in die Stadt fährt. Zum Glück können die wenigen Ausländer, die dieses Transportmittel wählen, in der Regel zu wenig Russisch, um die Aufschrift zu verstehen.

Der Bahnsteig am Bahnhof in Moskau ist aufgerissen, nur ein ganz schmales Band ist frei geblieben für die ankommenden Passagiere und ihr Gepäck. Aber worüber wundere ich mich eigentlich? Während der Zugfahrt kam die übliche Hostess mit einem Einkaufswagen, wie aus dem Supermarkt, voll mit Zeitungen, Zeitschriften, Mineralwasser und Limonade vorbei und staunte über die vielen Koffer. „Na ja, wir kommen vom Flughafen", meinte ich etwas genervt, und sie antwortete mir mit freundlichem Lächeln und ebenso erstaunt: „Aber bei der Fahrt hinaus hatten auch alle so viel Gepäck ..." Ein Gepäckabteil aber gibt es in diesem Zug nicht. Würde auch keiner benützen, sagen meine Moskauer Freunde, da wäre der Koffer ja gleich weg.

Ein viele Male in ähnlichen Situationen gehörter Ausspruch eines Moskauer Freundes fällt mir ein: Das ist alles nicht für Menschen gemacht.

Der Bahnsteig also. Ich bin im vorletzten Waggon gesessen und habe die ganze Länge des aufgerissenen und nur am Rand benutzbaren Bahnsteigs vor mir. Rund um mich Menschen, die Koffer und Taschen schleppen, öfter aber hinter sich herziehen. Auf dem begehbaren Teil des Bahnsteigs steht das Wasser knöcheltief. Und so ziehen wir unsere Koffer verbissen durch die Lachen und füllen unsere Schuhe bei jedem Schritt mit Wasser. Nicht für die Menschen gemacht, denke ich und schwindle mich dann schnell zu jener Sperre, bei der eine Bahnangestellte im dicken dunkelblauen Stoffmantel Dienst tut. Das dünne Stück Papier, das man als Fahrkarte ausgehändigt bekommt, in den dafür vorhandenen Schlitz zu stecken, damit die Sperre aufgeht und man hinaus kann, ist nämlich eine eigene Wissenschaft, die nur die wenigsten beherrschen. Die Frau im dunkelblauen Mantel und dem feschen roten Hütchen kann das, weshalb es bei ihr sehr viel schneller geht als an den anderen Sperren.

Ich bin zu Hause. In einem Moskau, das eine normale Weltmetropole sein will und trotzdem immer noch Seiten hat, die an die provinzielle sowjetische Vergangenheit erinnern.

Eine Stunde später bin ich dann daheim in meiner Wohnung und schaue hinunter auf den Gartenring. Oder das, was zwischen

13

den Tausenden Autos vom Gartenring zu sehen ist. Weiter hinten zwinkert mir ein roter Stern von einem Kremlturm entgegen, die goldene Kuppel der Christ-Erlöser-Kathedrale glänzt im Dauerregen. Stünde davor nicht der klobige weiße Kasten des Innenministeriums, vor dem sich dunkelgrüne Mannschaftsautos aneinanderreihen, ich wäre wieder einmal in einer Märchenstadt angekommen. Denn das ist Moskau an manchen Orten auch – märchenhaft.

Am nächsten Tag fällt mir in der Metro – genauer: auf der ewig langen Rolltreppe, die zur Metro hinunterführt – ein offizielles Werbeplakat auf. Vor hellblauem Hintergrund ist eine Gruppe von Matrjoschkas versammelt, jene berühmten Holzpuppen mit den Kopftüchern, den aufgemalten Grübchen um die Mundwinkel und den süß lächelnden Kirschmündchen. Matrjoschkas in verschiedenen Größen und daneben ein Bacon-Zitat: „Die Liebe zum Vaterland beginnt in der Familie."

Wenige Wochen später wird Stanislaw Markelow ermordet. Vierunddreißig Jahre jung, Vater von zwei kleinen Kindern, denen er vielleicht nicht die Liebe zum Vaterland, aber sicher die Hochachtung vor den Menschen beibringen wollte. Was er jetzt nicht mehr tun kann.

Stanislaw Markelow war Anwalt. Bis zu seinem Tod kannten ihn nur Eingeweihte, die wussten, womit er sich beschäftigte: mit dem Kampf gegen rassistische, faschistische Gruppierungen, deren es in Moskau nur allzu viele gibt. Aber auch mit dem Kampf für die Familien von Opfern russischer Willkür in Tschetschenien.

Nach seinem Tod versammeln sich in Moskau um die zweihundert Menschen vor dem Haus, in dem er seine letzte Pressekonferenz gegeben hat, bevor ihn die Kugeln des Auftragskillers trafen. In Grosny gehen zur gleichen Zeit fünfzehnhundert Menschen auf die Straße. Sie wissen, was es bedeutet, dass man Markelow getötet hat. So wie sie wussten, was es hieß, als man Anna Politkowskaja ermordete, die ihnen eine Stimme gegeben hatte. Wie Markelow die Hoffnung auf Gerechtigkeit.

Wieder einmal ist mein Moskau – das Moskau jener, die so denken, wie Anna Politkowskaja dachte, wie Stanislaw Markelow dachte – wie gelähmt. Alla Gerber, die Vorsitzende des Moskauer Holocaust-Fonds, sagt mir am Telefon, was viele hier denken: „Wer ist der Nächste?" Und wieder einmal spürt man Ohnmacht. Präsident und Regierungschef schweigen.

Besser so, sagt der Doyen der Menschenrechtsaktivisten, Sergej Kowaljow, bei einem Abendessen. „Wisst ihr nicht mehr, was Putin nach dem Mord an Politkowskaja gesagt hat? Dass sie ihm als Tote mehr schadet denn als Lebende? Da ist es schon besser, wenn sie gar nichts sagen."

Und trotzdem ist dieses Land eben so, sind seine Intellektuellen eben so: Man erwartet sich mitfühlende, einfühlsame, „große" Worte angesichts der Tragödie. Die eine doppelte ist. Denn als Markelow erschossen wurde, kam er mit der blutjungen Journalistin Anastasia Baburowa aus dem Gebäude, wo die Pressekonferenz stattgefunden hatte. Sie hatte den Killer gesehen und offenbar versucht, ihn aufzuhalten. Der Killer aber hatte keine Skrupel. Die fünfundzwanzigjährige Anastasia lebte noch, als man sie ins Spital brachte. Sie starb auf dem Operationstisch. Die vierte Journalistin der „Nowaja Gaseta", die innerhalb der vergangenen zehn Jahre gewaltsam zu Tode kam. Alexander Lebedew, Mitbesitzer der „Nowaja Gaseta", sollte wenige Tage später vor die Presse treten und erklären: „Wenn der Geheimdienst nicht in der Lage ist, unsere Journalisten zu schützen, dann werden wir ihn bitten, uns Waffen zu geben, damit wir das selbst tun können!" Eine absurde Idee: Journalisten, die mit der Waffe in der Hand zu Recherchen aufbrechen, denke ich – und beschließe, sofort Galina Mursaliewa anzurufen. Galina ist Armenierin aus Aserbaidschan, arbeitet seit zehn Jahren für die „Nowaja Gaseta" und hat dort ihr Zimmer mit Anna Politkowskaja geteilt.

Nach Annas Ermordung kamen wir in die Redaktion, um Interviews zu machen. Die Türe zu ihrem Zimmer stand offen, ihr Schreibtisch war so voller dunkelroter Rosen, dass man ihn kaum noch sah. Und hinter dem Blumenberg auf Annas Schreibtisch saß Galina geduckt vor ihrem Laptop und versuchte zu arbeiten. So habe ich sie kennengelernt.

Russische Seele 1

Die wir lieben,
lieben wir blind.
Die wir hassen,
hassen wir blind.
Wen wir lieben,
dem geben wir.
Haus und Hof.
Hand und Arm.
Und die Schlüssel
zu unseren Herzen.
Wen wir hassen?
Die Anderen, die Bunten.
Alle, die uns fremd sind.
Alle, die wir nicht verstehen.

Galina Mursaliewa

Als ich sie kennenlernte, dachte ich, sie sei Aserbaidschanerin. Dass sie aus einer armenischen Familie in Baku stammt, hat sie mir erst viel später erzählt.

Galina ist eine schöne Kaukasierin, wie aus einem Film entsprungen. Sie hat große dunkle, etwas melancholisch blickende Augen, langes rötliches Haar und leichte, fließende Bewegungen. Nach außen hin wirkt sie ruhig, gelassen – aber sie raucht. Kette. Ist also nicht ganz so gelassen, wie sie wirkt.

Galinas Mann ist ebenfalls ein bekannter Moskauer Journalist. Und Aserbaidschaner. Erst als sie mir ihre unterschiedliche Nationalität – und damit die politische Problematik, die in ihrer Beziehung liegt – verraten hatte, begann ich langsam zu begreifen, wieso Galina in Moskau lebt und nicht in Baku im Süden, direkt am Kaspischen Meer.

Damals, als sie ein kleines armenisches Mädchen in Baku war, gab es noch die Sowjetunion. Im Hof ihres Wohnhauses versammelten sich regelmäßig Kinder siebzehn verschiedener Ethnien, um miteinander zu spielen, erzählt Galina, die inzwischen zur perfekten Moskauerin mutiert ist. Wenn sie mit ihrer Mutter die Hauptstraße von Baku entlangging, konnte man nie sagen, wer einem entgegenkam: ein Armenier, eine Aserbaidschanerin, ein Jude, ein Georgier, eine Russin? Galina jedenfalls hat nie darüber nachgedacht, welche nationalen Wurzeln ihre Spielgefährten hatten, damals, im Baku der heißen Sommernächte, der Feigenbäume am Meerufer, der Ferien in den kühlen Bergdörfern von Karabach.

Wir sitzen in der Kantine der „Nowaja Gaseta". Ein geräumiger, etwas ungemütlicher Saal mit einer Theke, an der zwei ältliche Frauen Tee und Kaffee ausschenken. Jetzt, am späten

Nachmittag, haben sie kaum noch Kunden. Trotzdem bekommen wir unsere Plastikbecher – ich mit Tee, Galina mit Kaffee – und haben den Raum dann für uns allein. Draußen liegt schmutziger Schnee auf den Dächern vor den hohen Fenstern des Speisesaales. Der Himmel ist moskauerisch winterlich trüb, durch die Fensterritzen zieht es empfindlich. Galina, die Armenierin, die Südländerin, scheint das weniger zu stören als mich, die nur eines an Moskau wirklich verabscheut: das Klima.

Während wir über ihre armenische Kindheit in Baku sprechen, erinnere ich mich an meine einzige Reise in diese Stadt. Eine Reise in einem friedlichen Moment, als sich Armenier und Aseris gerade nicht gegenseitig die Köpfe einschlugen und es an der Front deshalb relativ ruhig war. Waffenstillstand hieß das. Nicht nur der unsinnige Krieg um die armenische Enklave Karabach machte gerade Pause, auch das schlimme Erdbeben, das so viele armenische Leben gekostet hatte, war fast schon vergessen. Wir landeten irgendwann in den frühen Morgenstunden in Baku, und unser aserischer Betreuer eröffnete uns, dass wir jetzt – um zwei Uhr morgens – nicht in die Stadt hineinfahren könnten, weil Ausgangssperre herrsche. Wir waren am Abend zuvor mit stundenlanger Verspätung in Moskau gestartet und saßen nun übermüdet und ratlos am Flughafen fest. Unser Betreuer aber wusste Abhilfe. Er verfrachtete uns kurzerhand in seinen kleinen alten Schiguli und brachte uns zu seinem Haus am Meer. Er nannte es seine Datscha, tatsächlich aber war es ein geräumiges, einladendes Haus mit einem wunderbaren Garten voller Feigenbäume. Und während wir darauf warteten, dass die Ausgangssperre endete, damit wir zu unserem Ziel nahe der iranischen Grenze – wo gerade die Front zwischen Armeniern und Aseris verlief – fahren konnten, saßen wir im Garten dieser Datscha am Ufer des Kaspischen Meeres, tranken Tee und aßen frisch gepflückte Feigen. Ein Erlebnis.

Der unsägliche Krieg um Karabach hat auch Galinas Leben durcheinandergeworfen. Als er begann, gab es die Sowjetunion noch, als er vorbei war, hatte Baku sich vollkommen verändert. Nach blutigen Pogromen an den dort lebenden Armeniern waren jene, die überlebt hatten, ebenso geflüchtet wie Juden, Russen und Georgier. Und plötzlich war Baku nicht mehr Galinas multinationales Zuhause. Plötzlich zogen aserische Bauern aus den von der armenischen Armee besetzten Gebieten rund um Karabach in die Hauptstadt am Meer, dorthin, wo die Ölbohrtürme aus dem Wasser ragten und es für die Flüchtlinge kaum Arbeit gab. Da war Galina aber schon gegangen.

Geboren wurde sie mitten ins Chruschtschowsche Tauwetter hinein. Stalin war tot, und viele dachten, dass es nun besser werden würde. Als sie die Schule beendet hatte, war allerdings auch dieses Tauwetter schon wieder Geschichte und Leonid Breschnjew und sein Politbüro der alten Männer noch an der Macht. Galina siegte damals bei einem Wettbewerb, der es ihr erlauben sollte, an der Moskauer Literaturfakultät zu studieren.

Genau zwei Wochen durfte sie die große sowjetische Hauptstadt damals erleben, erzählt sie ohne Ressentiment. Dann wurde ihre Mutter schwer krank. Als klar wurde, dass sie sich einer Operation werde unterziehen müssen, beschloss die Tochter schweren Herzens, Moskau den Rücken zu kehren. Die Eltern waren ohnehin wenig begeistert gewesen, dass Galina allein in der großen Hauptstadt lebte; gerade die Mutter hatte sich sehr gesorgt um die ferne Tochter. Galina ging also zurück nach Baku, an die dortige Philologische Fakultät, und begann gleichzeitig bei der „Molodjoschka", der Zeitung des Zentralkomitees des Komsomol, also des kommunistischen Jugendverbandes, zu arbeiten.

Und dann kam Gorbatschow. Die Leute in ihrem Baku, sagt Galina, hatten schon lange genug von der allgegenwärtigen Lüge. Und nun eröffneten sich neue Perspektiven. In Galinas Schubladen häuften sich damals die nicht gedruckten Artikel. Von Anfang an nämlich hatte sie sich der Schwachen, der Erniedrigten, der Waisen und der Kranken angenommen, zeigte Missstände auf. Die Leute hatten Vertrauen zu ihr, erzählten ihr von ihren Sorgen, und sie engagierte sich, schrieb über Bürokratie und den menschenverachtenden Umgang der Mächtigen mit den Bürgern ihres Landes. Wenn sie aber dann ihre Artikel dem Chefredakteur vorlegte, geschah es oft, dass jemand anrief – und Galinas Arbeit verschwand in der Schreibtischschublade.

Nein, mit Politik habe sie sich nicht beschäftigt, beschäftige sie sich bis heute nicht, sagt Galina. Wenn aber einer sich mit einem Problem an sie persönlich wendet, dann will sie helfen, dann lässt sie nicht locker.

Als vier Männer 2008 wegen möglicher Beteiligung am Mord an Anna Politkowskaja vor Gericht standen, musste Galina als Zeugin aussagen und war danach fast jeden Tag im Gerichtssaal, als Reporterin und Anna Politkowskajas langjährige Kollegin. Aber auch, weil Sohn und Tochter der Ermordeten tagein, tagaus in diesem Gerichtssaal saßen und verbissen verfolgten, was gesagt wurde, obwohl von Anfang an klar war, dass hier weder der tatsächliche Mörder noch die Auftraggeber der niederträchtigen Tat vor Gericht standen.

Auf diese Weise hat Galina auch im sowjetischen Baku ihrer Jugend, in den unruhigen achtziger und neunziger Jahren des furchtbaren 20. Jahrhunderts, gearbeitet. Hat sich dabei wenig Freunde unter den lokalen Mächtigen gemacht und trotzdem nicht aufgegeben. Das erklärt, warum sie heute ausgerechnet bei der „Nowaja Gaseta" arbeitet, der einzigen Zeitung, die keine Kompromisse kennt. So wie Galina keine Kompromisse kennt, wenn es um die Ärmsten der Armen geht.

Gorbatschow also. Die Zeiten waren aufregend. Man schrieb gegen das Regime an und hoffte auf die Hilfe jenes Mannes, der dieses System gleichzeitig auch repräsentierte. Man spürte eine kleine frische Brise und tat alles, um sie in einen wilden, alles hinwegfegenden Orkan zu verwandeln. Mit den Mitteln, die man hatte. Mit dem Schreiben.

Galinas Ehemann wurde damals zum Korrespondenten der „Komsomolskaja Prawda" in Aserbaidschan ernannt. Und seine Frau schrieb gegen das System, auch gegen den Komsomol.

Kennengelernt hatten sie sich in einer Arbeitspause. Ihrer beider Zeitungen waren im selben Gebäude untergebracht, in dem es nur eine Kantine gab. Dort trank Galina Kaffee mit einer Freundin, als diese plötzlich auf einen jungen Mann zeigte, der gerade den Raum betrat, und ihr zuflüsterte: „Schau nur, was der für Sportschuhe trägt!" Sehr moderne Sportschuhe waren das, westliche, und die fielen auf in der mangelgeplagten Sowjetunion, wo solche Schuhe bedeuteten, dass man irgendwelche besonderen Möglichkeiten haben musste. In Wirklichkeit aber hatte Galinas späterer Ehemann gerade sein Studium im damaligen Leningrad beendet. Und auch wenn dieses Leningrad sehr viel provinzieller war als die Hauptstadt Moskau, war es doch dort einfacher, bestimmte Konsumgüter aufzutreiben, als im kleinen Aserbaidschan am Kaspischen Meer noch viel weiter hinten in den unendlichen Provinzweiten dieser Sowjetunion.

Wirklich gut angezogen sei er, entschieden Galina und die Freundin. Und sie fanden auch, dass der junge Mann zu Galinas Schwester passen würde. Die aber sollte der aufstrebende junge Journalist erst sehr viel später kennenlernen und keineswegs als potenzieller Partner. Bevor die Mädchen nämlich die von ihnen ausgedachte Begegnung organisieren konnten, hatte er schon seine spätere Frau Galina auf sehr spezielle Art und Weise erobert. Er könne ihr das hebräische Alphabet beibringen, brüstete er sich, und Galina war gebührend beeindruckt.

„Warum ausgerechnet das hebräische Alphabet?", frage ich. Galina sucht eine Erklärung. Er habe viele jüdische Freunde gehabt dort in Leningrad während des Studiums, sagt sie. Eine sehr sowjetische Situation, in der der aserische Muslim vor allem mit russischen jüdischen Studenten verkehrte.

Eine Episode aus jener Zeit, als zwischen ihnen schon alles klar war: Galinas Damals-schon-Ehemann wurde von einem

Komsomol-Funktionär zum Gespräch gebeten. Seine Einstellung unterschied sich wohl nicht von jener seiner Frau, aber als Korrespondent der „Komsomolskaja Prawda" habe er eben mit diesen Leuten verkehren müssen, lächelt Galina. Als man sich gegenübersaß, sagte der Funktionär, Galinas Mann möge ein bisschen warten. Er wolle erst in der „Molodjoschka" nachsehen, was Galina wieder einmal gegen ihn und die Partei geschrieben habe, danach könne man sich in Ruhe unterhalten. So waren die Zeiten damals, sagt Galina. Es klingt nicht traurig. Damals war man jung und kämpferisch. Und überzeugt, dass das System besiegt werden könnte.

Heute, meint Galina, stehe sie nicht mehr in der ersten Reihe der Kämpfer für eine bessere Welt und habe großes Mitgefühl für jene Kollegen, die sich noch immer „mitten im Feuer" befänden. Heute beschäftige sie sich mit der Frage, was in der Gesellschaft vor sich gehe, mit sozialen Themen, mit Psychologie. Ruhiger sei sie geworden, viel ruhiger. Heute, wo sie schon lange nicht mehr in ihrem Baku lebt.

Und dann sind wir an diesem heiklen Punkt angelangt. Wie war das damals, als zuerst der Krieg um Karabach ausbrach und dann die Pogrome in Baku begannen? Wie war das für sie, die gefährdete Armenierin, die mit einem Aseri verheiratet ist? Zum Glück habe sie das nicht mehr direkt erlebt, sagt Galina. Ihr Mann habe das Angebot bekommen, in Moskau zu arbeiten. Der Krieg bedrohte ihre Familie, sie als Armenierin, ihn als Aseri. Und erstaunlicherweise gab es Leute in der Redaktion der „Komsomolskaja Prawda" in Moskau, die das begriffen und die Übersiedlung nach Moskau forcierten. Was nicht nur den Familienzusammenhalt, sondern Galina und ihren Eltern vermutlich auch das Leben rettete.

Die Flucht ins relativ sichere Moskau gestaltete sich nicht einfach. Für Galinas Mann fand die Zeitung ein Zimmer in der Wohnung eines Kollegen, Galina, ihre Eltern und die beiden Kleinkinder aber kamen auf dem Land unter. Der Sohn war gerade zwei

Monate alt geworden, die Tochter drei Jahre. In Baku war sie vor der Flucht stellvertretende Chefredakteurin der größten lokalen Tageszeitung gewesen. In dem Holzhaus in der Kleinstadt Jarzewo, vier Stunden Fahrt von Moskau entfernt, musste sie nun das Wasser vom Brunnen holen, und die Nachbarinnen schimpften, weil sie es nicht schaffte, das Kartoffelfeld zu bestellen, wie sich das gehörte. Damals waren Lebensmittel überall in der Sowjetunion knapp, nicht nur im kriegsgeschüttelten Aserbaidschan. In Moskau sprach der Präsident in der Öffentlichkeit davon, auch er bearbeite ein Kartoffelfeld. Die Nachbarinnen in der Kleinstadt konnten die junge Frau mit den zwei kleinen Kindern und den alten Eltern, die nicht wusste, wie man Kartoffeln setzte, wohl nicht verstehen. Und Galinas Mann war weit weg in Moskau. Seither weiß sie, wie man sich fühlt als Flüchtling.

Warum sie mit Kindern und Eltern ausgerechnet in Jarzewo strandete, ist gar nicht so schwer zu verstehen, sagt Galina. Viele aus Baku fanden sich dort wieder, weil es eine Autozulieferfabrik für den sowjetischen Prestigeautofabrikanten SIL und daher auch Arbeit gab. Galinas Schwester und deren Mann hatte es ebenfalls hierher verschlagen. Galinas Eltern kauften mit ihren Ersparnissen die Hälfte eines alten Holzhauses, und dort lebten sie nun: Galina, die Kinder und die alten Eltern.

Die Eltern waren Intellektuelle, nicht nur von Berufs wegen, sondern von ihrer gesamten Lebenseinstellung her. Der Vater arbeitete zwar bei einer großen Organisation, bei der man viel Geld machen konnte, begnügte sich aber mit dem bloßen Gehalt. Die Mutter war Chefärztin im Gesundheitsamt. Auch sie hätte Geld scheffeln können, aber auch sie begnügte sich mit ihrem Gehalt. Zu Hause in Baku gab es viele Bücher, aber keine wertvollen Kristallvasen. Intellektuelle eben. Auf die Flucht nahmen sie Bücher mit – und dann lebten sie im Holzhäuschen. Zu mehr reichte das Geld nicht.

Eine Reise in eine fremde Welt war das für Galina, die zwar Moskau gut kannte, weil sie als Journalistin immer wieder in die Hauptstadt gefahren war, Russland aber nicht. Und Moskau ist nicht Russland, sagt Galina. Das finde auch ich, die das jedes Mal aufs Neue entdeckt. Immer wenn mich mein Beruf in die russischen Weiten führt, immer wenn ich danach nach Moskau zurückkomme, weiß ich, wie recht Galina mit dieser Feststellung hat.

Und es war so kalt im kleinen Jarzewo weit weg von Moskau.

Als wir damals an die Frontlinie fuhren, lag in Moskau schon Schnee, in Aserbaidschan aber war noch Sommer. Die Dörfer waren verlassen, in den wunderbaren Gärten blühten die Blumen, und die Weintrauben hingen prall in den Pergolen. Mittendrin saßen aserbaidschanische Offiziere und Soldaten und aßen tiefrote Wassermelonen. Die Häuser waren sicher nicht bequemer als jenes Holzhaus, in dem Galina ihre erste Zeit im Exil verbrachte, aber der warme Wind und die Sonne ließen sie einladend erscheinen – nur die Waffen, die achtlos hingeworfen im Gras lagen, nahmen der Idylle etwas von ihrer Schönheit.

Das Holzhaus in Jarzewo hatte nichts Idyllisches an sich. Galina kämpfte dort ums Überleben. Um das ihrer Kinder, ihrer Eltern, um ihr eigenes. Auch um ihr geistiges Überleben. Die Eltern, so sagt sie, litten am schwersten unter der Flucht. Der Vater sei ein alteingesessener Bewohner Bakus gewesen, der noch die alten, vorrevolutionären Straßennamen benutzt habe. Die Verwandten der Mutter wiederum hatten in Karabach gelebt. Als Galina sie mit sanfter Gewalt zwang, mit ihr wegzugehen aus der Heimat im Süden, zeigte die Mutter keine Gefühlsregung, wurde aber wieder krank. So lebten sie in dem Holzhaus, bis es mit Hilfe der „Komsomolskaja Prawda" gelang, eine Wohnung in Moskau zu finden. Die „Komsomolskaja Prawda" von damals, meint Galina nebenbei, war eine Zeitung, die die Leute verschlangen, von Anfang bis Ende; nicht vergleichbar mit dem heutigen Boulevardblatt gleichen Namens. Noch war Gorbatschow an der Macht, noch genoss man die Aufbruchstimmung nach Jahrzehnten der Breschnewschen Stagnation.

26

Obwohl Galina meint, dass es zu Sowjetzeiten weniger Hass zwischen Menschen verschiedener Nationalitäten gegeben habe, erzählt sie doch, dass man ihr als Kaukasierin in Russland mit Misstrauen begegnete. Im provinziellen Jarzewo war der Rassismus etwas milder, sagt sie auch. „Na, die überfluten uns jetzt", hätten die Menschen dort gesagt, beinahe gutmütig klang das. Das sei nicht weiter schlimm gewesen. Doch die Zeiten waren hart. Es gab kaum etwas zu kaufen, vor den Lebensmittelgeschäften standen lange Schlangen. Und in diesen Schlangen nährte sich der Hass. Der Hass auf die Fremden – und manchmal auch auf die Eigenen. Die Kriegsveteranen zum Beispiel, die das Recht hatten, an der Schlange vorbeizugehen und als Erste bedient zu werden.

Die Schlangen. Ich erinnere mich an meine Studentenzeit im Leningrad der Breschnjew-Zeit. Nach wenigen Tagen hatten mir meine neuen russischen Freunde beigebracht, wie man sich zu verhalten hatte, wenn man eine Schlange vor einem Geschäft sah. Zwei Fragen und eine Feststellung waren laut auszusprechen: „Wer ist der Letzte? Ich komme nach Ihnen! Was gibt es hier?" Und ich erinnere mich auch an eine sehr viel weniger weit zurückliegende Erfahrung in einer Schlange. Moskau 1991. In den Geschäften ist das Schwarzbrot nicht nur knapp, sondern an diesem Tag gerade wieder einmal empfindlich teurer geworden. Trotzdem nehme ich die vorhandenen drei Laibe, für mich und meine Kinder und für meine Arbeitskollegen. Wie man das eben so macht in einem Land, wo immer noch Mangel herrscht. Ich hamstere sozusagen. In der Schlange an der Kasse höre ich die Frauen hinter mir murren: Ja, die Ausländer, die könnten sich das gute Brot leisten … Ich schäme mich – und kaufe die drei Laibe trotzdem. Meine Kinder und die Arbeitskollegen müssen schließlich auch essen.

Galina aber war nicht einfach Ausländerin. Sie kam aus dem Kaukasus, war dunkelhaarig und deutlich als Nichtrussin erkennbar. Und so bekam sie sehr schnell zu spüren, was das auch damals schon in Russland hieß. Vor allem aber hatte sie zunächst Schwierigkeiten, sich an das russische Leben zu gewöhnen.

Eine Begebenheit. Galina kam vom Einkaufen und tratschte mit einer Frau, die sie dabei kennengelernt hatte. Und diese Frau fluchte ununterbrochen. Galina war irritiert: In Baku, sagt sie, gab es das nicht, eine Frau, die auf der Straße laut Mutterflüche, eine besonders ordinäre Art der Verwünschung, ausstieß. Wenn in Baku jemand vor einer Frau Mutterflüche benutzte, konnte er aus dem Autobus geworfen werden. Warum tut sie das, fragte sich Galina. Will sie mich kränken? Es brauchte eine Weile, bis sie begriff, dass die Frau nichts gegen sie hatte, dass sie einfach gewohnt war zu fluchen. Viele seien auch sehr hilfsbereit gewesen im kleinen Jarzewo, hätten Kleider und Haushaltsgeräte gebracht. Aber verstanden hätten sie sie nicht.

Als sie endlich zu ihrem Mann nach Moskau ziehen konnte, wollte Galina die Eltern nicht so allein in dem unbequemen Holzhaus ohne Fließwasser und Telefon zurücklassen. Also kämpfte sie um eine Telefon- und eine Wasserleitung. Die Leute verstanden das nicht, erzählt sie. Man sah sie verständnislos an und sagte: „Wir leben hier schon Jahrzehnte ohne Wasserleitung. Es sind doch nur ein paar Schritte von Ihrem Haus bis zum Brunnen. Wozu die Erde aufgraben, wozu all diese Mühen, wozu braucht Ihr eine Wasserleitung?" Als dann die Arbeiter kamen, um die Leitung zu legen, schimpften die Nachbarn, dieselben, die vorher Kleider und Haushaltsgegenstände gebracht hatten. Sie glaube wohl, sie sei etwas Besseres, diese Fremde da aus dem Süden … So jedenfalls hat Galina das damals erlebt und sich ihren Reim darauf gemacht, wie man als Fremder in Russland zu leben hat. Dass sie ihre alten Eltern nicht in einem Haus ohne Fließwasser zurücklassen wollte, interessierte nicht; man sah nur, dass sie sich etwas erkämpfte, was alle anderen nicht hatten.

Diese „russische Seele", über die so viel geredet werde; nach dem ersten Glas Wodka könne es durchaus sein, dass sie zum Vorschein komme, sagt Galina und beweist damit, wie erstaunlich leicht Vorurteile auch von jenen aufgenommen werden, die es besser wissen sollten. Diese Seele sei aber meist ganz tief irgendwo versteckt. Die Menschen in Russland lebten in ständiger Anspannung, mit stets vorgehaltenem Schild und geschlossenem Visier. Man könne ja nie wissen, was einem drohe, von einem, den man nicht kenne.

Sie selbst meint, sich nicht an direkte rassistische Angriffe erinnern zu können. Aber nach einigem Nachdenken fällt ihr dann ein, was ihr Sohn erlebt hat. Beim Schulausflug wurde eine russisch-orthodoxe Kirche besucht. Er war der einzige „Dunkle" in einer durch und durch russischen Klasse. Als sie die Kirche betraten, kamen plötzlich ein paar ältere Frauen auf ihn zu und zischten ihn an: „Was machst du hier? Das ist eine russische Kirche, eine christliche. Es ist eine Sünde, dass du da bist, raus hier!" Galinas Sohn war damals vielleicht sieben Jahre alt und fürchtete sich vor den aggressiven alten Frauen. „Und die Lehrerin?", frage ich. Die Lehrerin habe ihren Sohn angesehen und gesagt: „Ja, Timur, es ist wirklich besser, wenn du hinausgehst."

Am Abend fragte der Kleine Galina: „Bin ich schlechter als die anderen?"

Galina ist nicht die Frau, die eine solche Angelegenheit unwidersprochen hinnimmt. Natürlich ging sie sofort zur Lehrerin und stellte sie zur Rede. Es sei nun einmal eine christliche Kirche gewesen, verteidigte sich diese. Galina hielt ihr einen Vortrag über Toleranz und Kindererziehung, und weil sie damals bereits bei der „Nowaja Gaseta" arbeitete, schrieb sie auch einen Artikel. Was die Lehrerin in wohlverdiente Schwierigkeiten brachte, dem Sohn aber sein kleines Trauma wohl nicht nehmen konnte.

Die „Nowaja Gaseta" also. Galina sagt, wenn sie das Haus betrete, in dem die Redaktion untergebracht ist, betrete sie einen anderen Planeten. Die Kollegen, die technischen Mitarbeiter, die Besucher, alle hätten andere Gesichter, wenn sie hierher kämen. Gefunden hat sie diesen ihren anderen Planeten aber nicht sofort.

Als sie endlich mit den Kindern nach Moskau ziehen konnte, bekam sie gleich Arbeit. Sie war schließlich keine Unbekannte im sowjetischen Journalismus. Die Zeitschrift „Ogonjok", zu Deutsch „Feuerchen", rollte ihr den roten Teppich aus, und sie war dort so lange zufrieden, solange der Eigentümer nicht wechselte. Der neue Eigentümer aber berief eine Vollversammlung ein und setzte die Mitarbeiter umgehend davon in Kenntnis, dass er aus der politischen Zeitschrift „Ogonjok" ein leichtes Boulevardblättchen machen werde. Da packte Galina ihre Sachen und ging. Es war das Jahr 1999. Die „Nowaja Gaseta" existierte schon einige Jahre. Galinas Frage, ob sie wohl hier arbeiten könnte, wurde mit Begeisterung bejaht. Wenige Tage später tauchte auch Anna Politkowskaja auf. Und so landeten die beiden in dem Zimmer, das sie bis zu Annas Ermordung teilten. Ganz einfach, sagt Galina.

Es war das Jahr, in dem in Moskau zwei Wohnhäuser in die Luft flogen. Es war das Jahr, in dem Putins unaufhaltsamer Aufstieg an die Macht, in dem der zweite Tschetschenien-Krieg begann. Anna reiste ins Kriegsgebiet, Galina aber schrieb gegen die immer deutlicher zutage tretenden rassistischen, xenophoben, antikaukasischen Ressentiments in Moskau an. Timur, Galinas Sohn, hatte aus seinen Erlebnissen als Kaukasier in Moskau derweil eine interessante Konsequenz gezogen: Er wurde Psychologe. Galina glaubt, dass er auf diese Art viele davon überzeugen kann, wie unsinnig ihr Fremdenhass ist. Sie ist nämlich eine unverbesserliche Optimistin.

Obwohl es da auch ein Erlebnis gibt.

Galina und ihr Mann haben inzwischen ein Häuschen in einer Siedlung am Stadtrand von Moskau gekauft. Mit den Parkplätzen ist es nicht ganz einfach hier, die öffentlichen Verbindungen ins Zentrum sind schlecht, also hat jeder dort ein Auto. Eines Tages vergaß Galina das ihre vor der Einfahrt des Nachbarhauses, wo sie es eigentlich nur für ein paar Minuten hatte abstellen wollen. Doch dann hatte das Telefon geläutet, die Kinder dringend etwas von der Mutter benötigt – kurz, sie hatte ihr Auto nicht weggefahren. Schließlich läutete es an der Haustüre. Draußen stand eine offensichtlich wohlhabende dickliche Dame, die zunächst noch recht höflich fragte, ob das Galinas Auto sei, das da vor ihrer Einfahrt parke. Galina bejahte. „Saujüdin du", fuhr die dickliche Dame Galina daraufhin an. Die aber hatte eine rasche Antwort parat: „Ich bin etwas noch viel Schlimmeres: Kaukasierin!"

Personen kaukasischer Nationalität

Eigentlich ist das einfach die offizielle Bezeichnung für Menschen, die tatsächlich im Kaukasus geboren sind. Aber neuerdings ist diese ziemlich bürokratisch klingende Benennung zum Schimpfwort mutiert. Wer von einer „Person kaukasischer Nationalität" spricht, meint: Diese Person könnte ein Terrorist sein, ein Bandit, ein Dieb, ein Mörder – auf jeden Fall aber ein Fremder, dem man nicht vertrauen kann.

Wenn von „Personen kaukasischer Nationalität" die Rede ist, dann meistens im Zusammenhang mit größeren und kleineren Verbrechen. „Personen kaukasischer Nationalität" werden ständig von der Miliz überprüft und haben es auch sonst nicht gerade leicht im täglichen Leben in Russland. Eine tschetschenische Freundin sagte mir einmal, zu Hause in Tschetschenien seien die Polizisten genau so korrupt wie in Moskau – aber es seien wenigstens Tschetschenen, wie sie selbst.

Wer in diese Kategorie fällt, ist übrigens leicht erklärt: jeder, der dunkles Haar und dunkle Augen hat. Natürlich erkennt man Menschen aus dem Kaukasus in Moskau ziemlich leicht: die Frauen an den etwas längeren Röcken, den schönen schmalen Gesichtern, dem dichten dunklen Haar und den Kopftüchlein, die sie kokett wie Haarreifen tragen. Die Männer an den gefährlich spitzen Schuhen, der Vorliebe für schwarze Kleidung, vor allem Lederjacken, und den runden schwarzen Kappen. Und dann ist da noch die Sprache, der unverkennbare Akzent, der allen Kaukasiern, seien sie Tschetschenen, Georgier oder Aserbaidschaner, gemeinsam ist. Ein bisschen hart klingt das kaukasische Russisch, gleichzeitig aber auch melodiös. Auf den Märkten – denen für Lebensmittel ebenso wie für andere Waren – finden sich viele Kaukasier. Das hat sie schon mehrmals in große Gefahr gebracht: durch Skinheads, die dachten, sie müssten Moskaus Märkte „säubern". Rechtsradikale politische Gruppierungen sind nicht nur traditionell antisemitisch, die Parole „Russland den Russen" bezieht sich seit Jahren auch auf „Personen kaukasischer Nationalität".

Im Vielvölkerstaat Sowjetunion, der sich angeblich den Internationalismus auf die Fahnen geschrieben hatte, war man derart um Abgrenzung bemüht, dass in jedem Pass festgeschrieben war, zu welcher Ethnie – oder im Fall der Juden Religionsgemeinschaft – jemand gehörte. Mit allen sich daraus ergebenden negativen Konsequenzen. Ob das etwas mit Nationalität zu tun hatte, wusste niemand genau, aber das Wort ist geblieben. Im Vielvölkerstaat Russland wiederum kümmert man sich überhaupt nicht mehr um politische Korrektheit, und niemand findet etwas dabei, wenn das Russische als allein namengebende Ethnie gilt. Was würde das aber konkret bedeuten, würde Russland tatsächlich ausschließlich „den Russen" überlassen?

Die beiden Tschetschenien-Kriege jedenfalls hätten ganz anders verlaufen können. Denn dort leben und lebten ja in erster Linie „Personen kaukasischer Nationalität". In letzter Konsequenz hätte man die alle vertreiben – oder Tschetschenien die Unabhängigkeit geben müssen.

Wie auch immer. Wer anders aussieht und mit Akzent spricht – also offensichtlich Russisch nicht als Muttersprache hat –, wird misstrauisch beäugt in Russland und mit einer bürokratischen Phrase anstelle eines Namens bedacht. Wie eine andere tschetschenische Freundin sagen würde: „So leben wir hier eben …"

Anna, die Taxifahrerin

Anna mag keine Asiaten. Es gebe zu viele hier, sagt sie. Und man verstehe sie nicht.

Sie fährt leidenschaftlich gern Auto. In Moskau. Ein Widerspruch in sich. Ich bin ihr begegnet, weil ich es leidenschaftlich hasse, in Moskau Auto zu fahren.

Eines Tages erzählte man mir von einer Einrichtung namens „Schenskoje Taxi", zu Deutsch „Frauentaxi". Ich rief dort an und bestellte mir ein solches Frauentaxi. Es war ein Wochentag, an dem ich zu einem Abendessen eingeladen war, ich wollte aber auf keinen Fall selbst fahren. Die Aussicht, stundenlang mit dem Fuß zwischen Gaspedal und Bremse hin und her wechseln zu müssen, ließ mich die Freude an der Einladung vergessen. Da kam ich auf die Idee, das Frauentaxi auszuprobieren.

Als ich zur vereinbarten Zeit aus dem Haus trat, stand ein knallrosa Auto in meinem Hof. Daneben lehnte Anna, klein, rundlich, mit dunklen Locken, einem Lächeln um die Mundwinkel und einer Zigarette in der Hand. Die warf sie weg, als sie mich kommen sah, und setzte sich sogleich pflichtbewusst hinter das Steuer.

Das Frauentaxi erschien damals, als ich die neunundzwanzigjährige Anna kennenlernte, als wirklich gute Idee: eine Taxifirma, in der nur Frauen arbeiteten und die vorwiegend Frauen dorthin chauffierte, wo sie dringend hin mussten. Frauen und Kinder: Jedes Auto war mit Kindersitzen ausgestattet, im Wagen roch es weder nach Zigaretten noch nach Alkohol – was man in von Männern gesteuerten Taxis immer wieder erleben konnte –, und der Innenraum war peinlich sauber; auch das bei vielen Autos mit männlichen Fahrern keine Selbstverständlichkeit. Dass man etwas mehr zahlte als für ein gewöhnliches Taxi, nahm man da gerne in Kauf. Denn und vor allem: Die Taxifahrerinnen fahren einfach angenehmer. Weicher, weniger ruckartig, weniger aggressiv als ihre männlichen Kollegen. So weit, so wunderbar.

Allerdings: Die Idylle dauerte nur so lange, solange wir westlichen Journalisten begeistert über das vorbildliche Unternehmen berichteten, von den pinkfarbenen Autos, die so elegant durch die Moskauer Staus glitten. Es dauerte ungefähr drei Fahrten – und ebenso viele Staus –, bis Anna mir zu erzählen begann, dass es hinter der rosa Fassade nicht ganz so idyllisch zuging, wie das dem Fahrgast erscheinen mochte. Die jungen Frauen, welche die werbewirksam beschrifteten Autos durch die Stadt steuerten, wurden nämlich von den Frauen, die in der Zentrale saßen und das Geschäft aufgezogen hatten, ziemlich unsolidarisch ausgenutzt, geradezu ausgebeutet. Wie bei jeder anderen Moskauer Taxifirma auch. Tag für Tag mussten sie umgerechnet an die siebzig Euro Miete für das Auto bezahlen, das sie fuhren, so viel, wie bei viel Glück eine Fahrt zum Flughafen einbringt. Da hatten sie aber weder das Benzin bezahlt noch selbst etwas verdient. Und die Aufträge waren alles andere als breit gestreut. Man musste sich, so erzählte Anna, mit den Frauen in der Zentrale sehr gut verstehen, um auch genug Aufträge pro Tag zu bekommen. Mit einem Wort: Beim Frauentaxi herrschten die gleichen Zustände wie bei den vorwiegend von Männern besetzten Taxiunternehmen. Nicht einmal der Umgangston war sehr viel angenehmer.

Und der Mythos von der Miliz, die zu den Taxifahrerinnen freundlicher sei als zu ihren männlichen Kollegen, löste sich leider auch bald in Luft auf. Von manchen Milizionären würden sie, so Anna, unter dem Motto „Eine Frau gehört nicht ans Steuer" recht rüde heruntergemacht. Da hatte sie das Unternehmen allerdings schon verlassen und sich als Privatchauffeuse eines reichen Mannes – oder besser, von dessen Frau und Kindern – verdingt. Nebenbei aber fuhr sie auch mich noch hin und wieder.

Mir fielen meine ersten Ausflüge mit dem Auto in Moskau ein. Meine Begegnungen mit der Miliz waren eigentlich nicht unangenehm gewesen, aber zu jener Zeit fuhren wir Ausländer auch noch Autos mit deutlich erkennbaren gelben Kennzeichen, denen man, wenn man sich ein bisschen auskannte, sogar die Nationalität des jeweiligen Fahrers entnehmen konnte. Österreich zum Beispiel hatte die Kennziffer 17, und die fand sich auf allen Fahrzeugen wieder, die Österreichern gehörten. Später schaffte man die besondere Kennzeichnung von Autos mit ausländischen Besitzern ab, nur die Diplomaten erkennt man weiterhin an ihren roten Nummernschildern und der Kennziffer. Jedenfalls hat mich die Miliz zwar hin und wieder um mein letztes Geld gebracht, aber unfreundlich waren die Herren in Grau zu mir nicht. Aber ich war ja, wie gesagt, Ausländerin. Zu der Zeit gab es überdies noch sehr wenige Frauen hinter Lenkrädern auf Moskaus Straßen, wir Ausländerinnen waren also noch ziemlich exotisch. Die russischen Mädchen hinter dem Taxilenkrad sind das nicht nur nicht, wahrscheinlich finden die Herren der Straßenverkehrsordnung sogar, sie sollten gefälligst nicht in ureigenstem männlichen Territorium wildern.

Irgendwann einmal hatte Anna keine Zeit, und das Frauentaxi schickte mir Lena, die gerade einen Monat für das Unternehmen fuhr. Die Begeisterung war noch groß. Verständlich, Lena hatte sich nämlich in einer recht ausweglosen Situation gesehen, als sie im Internet auf eine Annonce des Frauentaxis gestoßen war und sich als Fahrerin gemeldet hatte. Natürlich standen wir auch diesmal in einem der unvermeidlichen Moskauer Staus, und so begann Lena zu erzählen.

Sie sei bis vor nicht allzu langer Zeit eine erfolgreiche Managerin gewesen, habe zwei Diplome, eines in Geschichte, eines in Ökonomie. Aber dann sei sie schwanger geworden, mit fünfunddreißig. Und aus war es mit der großen Karriere. Der Vater ihrer Tochter verließ sie sofort, behauptete, er sei gar nicht zeugungsfähig, das Kind könne also nicht von ihm sein. Zahlte natürlich auch keine Kopeke. Bei verschiedenen Einstellungsgesprächen winkten die Arbeitgeber müde ab, sobald Lena erwähnte, dass sie eine Tochter im Babyalter habe. Zu riskant, zu wenig flexibel, zu viele Probleme. Ihre eigene Idee, einen mobilen Sekretariatsdienst aufzuziehen, konnte sie aus Geldmangel nicht verwirklichen. Das Frauentaxi war also ihre letzte Hoffnung.

Die Mutter betreut jetzt das Baby, wenn Lena mit dem Taxi unterwegs ist, und irgendwie kommen sie so über die Runden. Lenas eigener Vater nämlich hat sich nach Neuseeland abgesetzt, wo er, der eigentlich gelernter Physiker ist, als Fotograf arbeitet. Als sie ihm schrieb und ihm ihre prekäre Situation schilderte, schickte er ihr ein paar Fotos. Sagt Lena etwas verbittert. Gebraucht hätte sie Geld.

Während wir uns Stoßstange an Stoßstange mühsam durch Moskaus Zentrum schieben und Lena, die Neue beim Frauentaxi, noch ganz begeistert davon erzählt, wie nett alle zu ihr seien, denke ich über ihre Idee mit dem Sekretariatsdienst nach und erinnere mich, wie eine russische Freundin vor vielen Jahren, noch in der tiefsten Sowjetzeit, statt des russischen Wortes Sekretarscha das ziemlich gemeine zusammengesetzte russische Wort Sekretutka benutzte, eine Mischung aus Sekretärin und Hure. Sekretärinnen und Models galten in der prüden Sowjetunion als potenzielle Prostituierte. „Die wollen sich die Hände nicht schmutzig machen und sind zu dumm, um einen anderen Beruf zu ergreifen", so charakterisierte meine Freundin das damals. Und mir fällt auf, dass meine Sekretärin sich am Telefon immer als Übersetzerin oder Assistentin meldet. Sowjetische Vorurteile leben eben lange, länger als die Sowjetunion selbst.

Nach der Begegnung mit Lena fragte ich auch Anna nach ihrem Leben aus. Das Muster, das ich bei Lena gesehen hatte, fand sich bei Anna wieder. Die Eltern, beide Maler, hatten sich getrennt, als Anna noch klein war. Der Vater war einfach aus ihrem Leben verschwunden. Eine Situation, die mir ständig wieder begegnet in Gesprächen mit Freunden oder auch nur flüchtigen Bekannten. Eine Situation, die ganz Russland betrifft. Eine vaterlose Gesellschaft, in der Verantwortung ausschließlich Sache der Frauen ist – und Politik trotzdem ausschließlich Sache der Männer.

Anna und ihre Mutter lebten also mit Großvater und Großmutter, von denen sie lachend meint, sie würden ihre, Annas,
Mutter bis heute behandeln, als sei sie ein kleines Kind. Machtbe-
wusst nennt sie ihre Großeltern. Und wieder denke ich an die vielen Freunde und Freundinnen, die ebenfalls von Großmüttern
und Großvätern aufgezogen wurden, während die Eltern dem sozialistischen Vaterland dienten. Also nicht nur eine vaterlose, sondern auf weite Strecken auch eine elternlose Gesellschaft. Ob das
eine Erklärung sein kann?

Annas Mutter hat später noch einmal geheiratet und noch einen Sohn bekommen. Der Halbbruder ist sechs Jahre jünger als
Anna und lebt seit zwei Jahren bei ihr. So hoffte er, dem gefährlichen Militärdienst entgehen zu können. Aber dann schaffte er
die Aufnahmeprüfung an der Universität nicht, ging freiwillig zur
Musterung und wurde im Herbst prompt eingezogen. Anna hat
jetzt große Angst; wie es in der Armee zugeht, weiß man ja nur
allzu gut in Russland. Und ihr Bruder, sagt sie, ist ein sanfter, ver-
schlossener Mensch. Lernt jetzt Sprachen und kocht meisterlich.
So einer ist er, sagt Anna voller Bewunderung. Und sagt nicht,
was wir beide denken: was so einem in der brutalen russischen
Armee alles Schreckliches zustoßen kann.

Annas Ausbildung verlief nicht sehr viel erfolgreicher als die
ihres Bruders. Nach der üblichen Elf-Klassen-Schule wollte sie
Jus studieren. Damals – in den neunziger Jahren des vorigen
Jahrhunderts – war das eines der Modestudien. Alle wollten Jus,
Psychologie oder Ökonomie studieren. Doch auch sie scheiterte
an den sehr strengen Aufnahmebedingungen und landete deshalb an einem Institut für die Ausbildung von Sozialarbeitern,
wo es ihr gut gefiel. Die Lehrer waren klug, das Studium war
interessant. Danach fand sie Arbeit als Sekretärin in einer Bau-
firma. Das hatte sich einfach so ergeben. Damals sei sie blond
gewesen und schlank und habe immer elegante Kleider getragen, das habe ihr gefallen. Und dann war sie auch das einzige
weibliche Wesen im Betrieb und wurde, so sagt sie, entspre-

chend verwöhnt. Es war wie in der „guten alten Zeit", von der ihr wohl die Großeltern erzählt haben werden. Man war wie in einer Familie im Betrieb, sicher und geborgen, und dachte, es würde immer so weitergehen.

Aber dann erhielt sie einen Vorgesetzten, der so alt war wie sie selbst und große Ambitionen hatte. Er habe seine Macht genossen und sie an ihr ausprobiert, sagt Anna. Da war es mit dem Familiengefühl vorbei. Anna wechselte den Betrieb, machte sich dann kurzfristig selbstständig, hatte aber kein Glück in ihrem beruflichen Leben. Bis heute zahlt sie die Schulden ab, die sie in der kurzen Zeit gemacht hat, als sie dachte, sie könne eine unabhängige Kleinunternehmerin sein. Ganz genau will sie nicht erzählen, was schiefgelaufen ist in ihrer Zeit als Unabhängige, aber das Geld reichte nicht, und die bürokratischen Anforderungen waren wohl auch mehr, als sie ertragen konnte. Jedenfalls schloss sie dieses Kapitel ihres Lebens mit dem Schwur ab, so etwas nie wieder zu versuchen.

Und dann fand sie das Frauentaxi, das ihr gefiel, weil es darum ging, Frauen und Kinder zu chauffieren. Und weil alle freundlich waren. Und sie dringend Geld brauchte. Und Autofahren – wie gesagt – ohnehin ihre große Leidenschaft ist. Die Frauen, denen sie dort begegnete, waren alle wie sie, sagt Anna. Alleingelassen, dem Schicksal ausgeliefert, ohne Mann. Die wenigen, die verheiratet waren oder mit einem Mann lebten, hätten die Arbeit sehr viel lockerer genommen.

Sie selbst hat die Fahrprüfung während des Studiums und gemeinsam mit ihrem damaligen Freund gemacht. Eine Abwechslung sei das gewesen, etwas Lustiges, zur Entspannung quasi. Und dann hatte sie auch noch Glück: Der Großvater besaß einen Schiguli, einen jener russischen Fiats, die aussehen wie die sehr alten italienischen Fiats, nur etwas weniger gepflegt. Den eignete sich Anna sofort an, und sobald sie den Führerschein in der Tasche hatte, fuhr sie los. Die Großeltern drängten sie dazu, sagt sie. Am ersten Tag hätte sie sie gleich auf die Datscha chauffiert, weit außerhalb Moskaus, ein paar Stunden Fahrzeit. Seit damals sei sie praktisch nicht mehr aus dem Auto gestiegen.

Mit den Männern, seufzt Anna, habe sie kein Glück. Bis vor Kurzem hatte sie einen Lebensgefährten, der hat sie aber verlassen. Weil sie sich einen Urlaub am Meer geleistet habe, mit einer Freundin. Er wollte nicht, dass sie Geld ausgab für eine Reise nach Spanien, sie wollte ihn überreden. Am Ende zog er aus der gemeinsamen Wohnung aus. Nicht des Geldes wegen, sondern weil Anna ihm nicht gehorchte, als er ihr verbot, auf Urlaub zu fahren. Jetzt lebt sie wieder allein und zahlt noch mehr Schulden ab, weil die Einrichtung der gemeinsamen Wohnung, in der sie zurückgeblieben ist, ziemlich viel Geld verschlungen hat. Also hat Anna auch noch so manchen Nebenjob. Sie hilft ihrer inzwischen über achtzigjährigen Großmutter, einer ehemaligen Bauarbeiterin, wenn diese privat jemandem bei der Renovierung seiner Wohnung zur Seite steht, und übernimmt Botenfahrten für ein Antiquariat. Aber ihr wirklicher Traum hat weder mit dem Auto noch mit dem Bauwesen etwas zu tun: Was Anna wirklich gerne hätte, wäre eine Zoohandlung, wo sie buntes Zubehör für Hunde und Katzen verkaufen würde.

Mit Politik will sie – wie viele ihrer Generation – eigentlich nichts zu tun haben. Dimitri Medwedew, den Präsidenten, kenne sie gar nicht, sagt sie. Aber dann gesteht sie mir, dass ihr Großvater immer noch ein überzeugter Kommunist sei, der mit dem neuen Leben ganz und gar nicht zurechtkomme. Und sie selbst? Ihr, sagt Anna, gefalle es heute in Moskau auch nicht. Alles sei irgendwie nicht für die Menschen gemacht. Ein Satz, den ich im Lauf meines Lebens hier in Moskau oft gehört habe. Zu oft.

Das Leben sei einfach zu kompliziert, sagt Anna auch. Irgendein sehr dummer Mensch habe sich dieses System ausgedacht, und alle litten jetzt darunter. Und zu Sowjetzeiten? Da war das Leben einfacher, sagt Anna, die gerade einmal zwölf Jahre alt war, als das sowjetische Imperium zusammenbrach. Vielleicht nicht besser, aber einfacher. Und überhaupt könne man Moskau jetzt nicht mehr aushalten. In den letzten Jahren seien so viele Fremde gekommen – aus Usbekistan, Kirgisien, Tadschikistan. „Die sind uns fremd in ihrer Seele", sagt Anna. Ukrainer oder Weißrussen störten sie nicht. Aber diese da aus dem fernen Zentralasien, „die haben ihre eigene Weltsicht". Die benähmen sich auf der Straße ganz anders. Und es würden immer mehr. Moskaus Bürgermeister hole sie hierher, zur Arbeit. Im Süden Moskaus sollten sie sogar einen eigenen Bezirk bekommen. In den Geschäften arbeiteten nur mehr „diese östlichen Gesichter", sagt Anna auch. Nicht einmal Personen kaukasischer Nationalität würden sie so irritieren wie diese Gesichter da aus Asien.

Ich schaue Anna an und frage mich, was sie so stört an diesen Menschen, die hier auf den Märkten arbeiten, auf den Baustellen, in der Metro.

Fremde sind das, sagt Anna. Fremde. Und in den russischen Dörfern saufen sich derweil die Russen zu Tode, sagt Anna auch. Weil es keine Arbeit mehr gebe, weil die Landwirtschaft zusammengebrochen sei. Als ich sie frage, ob die Menschen aus den Dörfern bereit wären, zu den Bedingungen zu arbeiten, die die Gastarbeiter aus den zentralasiatischen einstigen Sowjetrepubliken akzeptieren, wird sie unsicher. „Aber die kriegen doch sofort Wohnungen", meint sie trotzig.

Ich erinnere mich an die jungen Burschen aus Tadschikistan, die im Hof unseres Hauses ein neues Haus bauten und im Sommer im Rohbau übernachteten. Anna versucht derweil zu erklären, was sie so stört an diesen Fremden. Gestern im Lebensmittelgeschäft sei einer vor ihr an der Kasse gestanden, der habe sich mit der Kassiererin ewig in dieser unverständlichen Sprache unterhalten. Lange und ohne Rücksicht darauf, dass sich hinter ihm schon eine Schlange gebildet habe. Das habe sie sehr geärgert, sagt Anna. Und die Wohnungen würden auch immer teurer, weil immer mehr „von denen" kämen und die Nachfrage eben so hoch sei. Und die akzeptierten ja auch alle Bedingungen, lebten zu zehnt in einem Zimmer.

Dann lächelt Anna plötzlich und sagt, sie glaube eigentlich nicht, dass „diese Fremden" schuld seien daran, wenn ihr Leben jetzt gerade so schwierig sei und sie so große Probleme habe. Sie habe einfach früher nie so viele von ihnen auf einmal gesehen.

Alexej Simonow

Von Anna, der Taxifahrerin, die zu viele Asiaten in Moskau sieht, zu Alexej Simonow, dem Kämpfer für die Pressefreiheit. Zwei Welten in einer Stadt. Zwei Leben. Keines ist einfach. Einfache Leben gibt es in Moskau nicht.

Alexej also. Ich weiß nicht mehr, wann wir uns kennengelernt haben. Irgendwie war er immer da, dort, wo es um wichtige Dinge ging, dort, wo wir Journalisten aus dem Westen nicht mehr weiter wussten. Dort, wo über Politik geredet wurde. So wie in den berühmten Küchen der siebziger Jahre.

Gerade habe ich Ljudmila Alexejewas Erinnerungen an die Zeit des Chruschtschowschen Tauwetters und der Breschnjewschen Stagnation gelesen. Erinnerungen, in denen die Dissidenten von damals jung waren, im Westen gefeiert wurden und in Moskau ums Überleben kämpften. Im übertragenen und oft auch im wörtlichen Sinn. Alexej gehört dazu, auch wenn er zehn Jahre jünger ist als die Hauptfiguren jener Szene.

Ich habe ihn unzählige Male in seinem Büro am Gartenring besucht, im Gebäudekomplex, in dem auch das Pressezentrum des Außenministeriums und die offizielle Nachrichtenagentur APN untergebracht sind. Und irgendwo dazwischen eben Alexej in seinem winzigen Zimmer, in dem es von Schildkröten in allen Formen und Materialien nur so wimmelt. Weil die Schildkröte das Symbol seines „Fonds zur Verteidigung der Glasnost" ist und weil er sie leidenschaftlich sammelt. Seit ich seine Sammlung zum ersten Mal gesehen habe, kaufe ich auf allen Reisen eine Schildkröte – wenn ich denn eine finde – und bringe sie ihm mit. Einmal, als er sich in einem der harten Moskauer Winter das Bein gebrochen hatte und deshalb das Haus nicht verlassen konnte, habe ich ihn auch zu Hause besucht und die andere Hälfte seiner Schildkrötensammlung zu Gesicht bekommen.

Alexej ist 1939 geboren; nach dem Schrecken und vor dem Schrecken, wie er sagt. Nach der ersten Welle des großen Terrors 1937 und 1938, als Stalin Hunderttausende verhaften und erschießen ließ, und vor Beginn des entsetzlichen Zweiten Weltkriegs, der seinen Vater berühmt gemacht hat: Konstantin Simonow, den Kriegsreporter und Dichter. Den Mann, der das wohl berühmteste sowjetische Gedicht der Kriegszeit verfasst hat: „Schdi menja", zu Deutsch „Wart auf mich".

Wart auf mich,
ich komm' zurück.
Aber warte sehr.
Warte, wenn der Regen fällt,
gelb und trüb und schwer.
Warte, wenn der Schneesturm tobt,
wenn der Sommer glüht.
Warte, wenn die andern längst,
längst des Wartens müd'.

Niemand in Russland, der das Gedicht nicht kennt. Immer noch. Und natürlich hat man es für alles Mögliche missbraucht, darunter auch als Titel für eine Sendung, in der verlorene Angehörige gesucht werden.

Alexej allerdings redet nicht viel über diesen Vater, der zehn Tage nach seiner Geburt in den Krieg aufbrach und nie mehr in die Familie zurückkehrte. Der seinen Sohn erst wieder sah, als der fünfzehn Jahre alt war. Konstantin Simonow hatte inzwischen eine neue Familie gegründet. Wie gesagt, die vaterlose Gesellschaft. In ihr ist auch Alexej Simonow groß geworden, in einer Zeit, als nicht nur Stalin die Väter – und oft auch die Mütter – ermorden oder einsperren ließ, sondern der Krieg ein Weiteres tat, um Waisen zu produzieren. Die vaterlose Gesellschaft war und ist eine Tatsache, eine auch die heutige russische Gesellschaft prägende Tatsache.

Alexejs Vater jedenfalls brach wie gesagt zehn Tage, nachdem sein Sohn geboren worden war, in den Krieg auf, nach Halhin Gol in der Mongolei. Im August 1939 bekriegten sich dort die Sowjetunion und Japan. Konstantin Simonow arbeitete an seiner Karriere als Kriegsberichterstatter und Dichter und ließ Frau und Sohn in Moskau zurück. Zwar kam er zurück, aber nur, um gleich wieder an die Front zu gehen, dieses Mal schon an die Front des Zweiten Weltkriegs. Und inzwischen hatte er auch seine große Liebe getroffen. Nur die Großeltern väterlicherseits kümmerten sich um Alexej, sorgten dafür, dass der Kontakt nicht abriss. Als der Sohn herangewachsen war, als man mit ihm wie mit einem Erwachsenen umgehen konnte, da erinnerte sich Konstantin Simonow an ihn und nahm das Gespräch mit ihm auf.

Kurz vor seinem Tod, so erzählt Alexej, habe der Vater, im Krankenbett liegend, ihm das größte Kompliment gemacht. Er sei froh und stolz, einen Freund wie ihn, Alexej, zu haben. Aber darüber spricht Alexej nicht viel. Auch nicht darüber, wie er und die Mutter den Krieg überlebt haben. Allerdings erzählt er, dass er sich, kaum mit der Schule fertig – und im sowjetischen wie auch im neuen russischen Schulsystem ist man da noch sehr jung, gerade sechzehn Jahre alt –, für eine jener berühmten sowjetischen Expeditionen anheuern ließ. Irgendwo im tiefen Sibirien sollte er irgendetwas beobachten und lebte unter beinahe unvorstellbaren Bedingungen; fällte Bäume, hackte das Eis der Flüsse auf, um Wasser zu holen, dort, in Jakutien, wo es im Winter bis zu minus fünfzig Grad haben kann. Die Arbeit war unglaublich schwer, aber die Bezahlung für damalige Verhältnisse auch unvorstellbar hoch. Als er mit knapp achtzehn Jahren zurückkehrte, hatte er genug verdient, um die Genossenschaftswohnung zu bezahlen, die der Mutter nach langer Wartezeit und dem Leben in einer typischen sowjetischen Gemeinschaftswohnung endlich zugeteilt worden war, und ihre Schulden zu begleichen.

Ein unglaubliches Erlebnis für einen jungen Mann, der eigentlich noch ein halbes Kind war.

Danach studierte Alexej am Institut für östliche Sprachen und arbeitete ein Jahr in Indonesien als Übersetzer, gegen ein wesentlich geringeres Entgelt, aber dafür außerhalb der Sowjetunion. Dort habe er gelebt wie alle sowjetischen Menschen im Ausland, meint er, auf einer sowjetischen Insel, die man in ein anderes Land transferiert hatte. Er habe sich aber seinem Gefühl, also dem Gefühl eines gelernten Sowjetbürgers nach, unglaublich revolutionär verhalten. Der Beweis sei für ihn die Tatsache gewesen, dass man ihn danach achtzehn Jahre lang nicht mehr ins Ausland habe reisen lassen.

Ich erinnere mich an meine allererste Berufserfahrung. Im Herbst 1968, wenige Wochen nachdem die Staaten des Warschauer Pakts die Tschechoslowakei überfallen hatten, sollte ich als Reiseleiterin eine sowjetische Komsomol-Gruppe durch Österreich führen. Ich war jünger als das jüngste Mitglied dieser Reisegruppe, denn derlei Auslandsreisen durfte nur unternehmen, wer erprobt und zuverlässig war. Die jüngsten Mitglieder der Reisegesellschaft hätten also durchaus meine Eltern sein können. Keiner durfte die Gruppe je verlassen, sich allein im feindlichen westlichen Ausland bewegen, weshalb die Abende in den Jugendherbergen – die die nicht gerade verwöhnten fünfunddreißig- bis vierzigjährigen Mitglieder dieser sogenannten Jugendgruppe anstandslos akzeptierten – mit viel Wodka und russischem Tratsch verbracht wurden. Und ich wurde die ganze Reise lang von allen verwöhnt. Weil ich ihre Tochter hätte sein können und es nicht leicht hatte als österreichische Reiseleiterin für eine sowjetische Reisegruppe in diesem Herbst 1968.

Unterwegs wurden wir immer wieder nicht nur schief angeschaut, sondern auch recht grob angeredet. Schließlich hatte ganz Österreich mitgezittert, als ein tschechischer Fernsehsprecher, unrasiert und mit von Schlaflosigkeit geröteten Augen, verzweifelt um Hilfe gegen die Invasoren gebeten hatte. Meine Schützlinge reagierten verständnislos und erstaunt; ich übersetzte aber auch nicht alles, was uns so um die Ohren geworfen wurde. Doch selbst das bisschen, das ich übersetzte, konnten sie nicht verstehen.

„Wie? Wir haben die Tschechoslowakei doch vor der Konterrevolution bewahrt, vor den Faschisten, die wieder das Haupt erheben! Wieso werden wir dafür beschimpft?"

Ich versuchte zu erklären, ereiferte mich, stritt – und wurde liebevoll nicht ernst genommen und stattdessen mit Wodka traktiert, Abend für Abend. In der letzten Herberge dieser absurden Reise, in Wien, kamen meiner russischen Funktionärsgruppe junge Leute mit tschechischen Fahnen in der Hand und Tränen in den Augen entgegen und riefen antirussische Parolen. Flüchtlinge, die vor den Panzern des Warschauer Pakts gerade noch nach Österreich entkommen waren. Aber auch da kann ich mich nicht erinnern, dass meine Reisegesellschaft Anzeichen von Verstehen gezeigt hätte. Die sowjetische Insel, von der Alexej Simonow spricht, war perfekt abgeschottet, von schalldichten Mauern und Stacheldraht umgeben. Zudem kann man mit einiger Sicherheit davon ausgehen, dass zumindest einer der Reisenden – wenn nicht mehrere – notierte, was getan, gesprochen und gesehen wurde. Und alle anderen wussten mit ebensolcher Sicherheit, dass es Berichte geben würde bei der Rückkehr in Moskau, dass man also gut daran tat, sich linientreu zu zeigen, wollte man nicht auf ein mehr oder weniger bequemes, ruhiges Leben verzichten.

Jedenfalls habe ich mir danach alle möglichen Studentenjobs gesucht, aber nie mehr eine sowjetische Reisegruppe betreut.

Alexej Simonow aber dachte, als man ihn als Übersetzer nach Indonesien schickte, er habe das Recht, neugierig zu sein. So sagt er und lacht, als ich ihn frage, was er in diesem Jahr in der Exotik denn angestellt habe, dass er danach nicht mehr reisen durfte. Nichts, sagt er, rein gar nichts habe er angestellt, sich nur wie ein normaler Mensch benommen. Zum Beispiel, indem er allein hinausging, um das Land kennenzulernen. Zum Beispiel, indem er Leute besuchte, die man nicht hätte besuchen sollen.

„Es gab da in Djakarta eine einzige russische Emigrantenfamilie", erzählt Alexej. „Eine einzige russische Familie, kannst du dir das vorstellen?" Er lernte sie kennen, weil die Dame des Hauses, so wie er selbst auch, als Dolmetscherin arbeitete und in einem Reisebüro Tickets für Flüge in die Sowjetunion verkaufte. Nach einem Arbeitstreffen habe sie traurig ausgesehen und gesagt, dass sie ihn gerne zu sich nach Hause einladen würde, dass das aber wohl nicht ginge. Alexej, jung und offensichtlich ziemlich naiv für einen, der 1939 in der Sowjetunion geboren war, fragte verwundert, warum das nicht gehen sollte.

„Alexej", sagte sie, „regen Sie sich nicht auf, aber ich weiß ja jetzt schon, dass man es Ihnen verbieten wird, wenn Sie fragen werden."

Er denke gar nicht daran zu fragen, habe er geantwortet und sei am folgenden Samstag zu jener Familie zu Besuch gekommen. Die Folge war ein „leichter Skandal", wie Alexej Simonow es ironisch nennt. Seine Vorgesetzten hätten ihn gefragt, warum er sich nicht benehmen könne wie alle anderen auch, und er habe sich wie ein Revolutionär gefühlt. Erst als er fünfunddreißig Jahre später noch einmal nach Indonesien gekommen sei, habe er begriffen, dass er nichts von diesem Land gesehen habe, damals, als er dort lebte. Er habe die sowjetische Insel nie verlassen, diese selbst aber besser gekannt als viele andere.

Noch einmal zurück zum Sommer 1968. Meinem Freund Sascha, den ich später im damaligen Leningrad kennenlernen sollte, war es gelungen, eine Reise in die Tschechoslowakei zu ergattern, kurz bevor die Panzer kamen, kurz bevor ich meine angebliche Jugendgruppe durch Österreich lotste. Und er hatte von dort Zeitschriften und Flugblätter mitgebracht. Ein Verbrechen in der Sowjetunion des Einmarsches, für das er um ein Haar bitter bezahlt hätte. Man drohte ihm danach, ihn sofort zur Armee zu holen und an die chinesische Grenze zu schicken. Dort, am Grenzfluss Ussuri, schlugen sich gerade die Brüder Sowjetunion und China die Köpfe blutig. Sascha, der Literaturstudent, hätte diese

Bestrafung vermutlich nicht überlebt. Aber irgendwie gelang es ihm gerade noch, ihr zu entgehen.

Die sowjetische Moral als Gegensatz zur westlichen wurde immer großgeschrieben, in der sowjetischen Handelsvertretung im Indonesien der späten fünfziger Jahre ebenso wie im Leningrad der späten sechziger und auch der siebziger Jahre, in dem ich studierte und eben jenen Sascha kennenlernte. Eine Liebesgeschichte zwischen einem deutschen Studenten und einer Leningraderin führte damals zu einem regelrechten Skandal; die beiden Schuldigen wurden vorgeladen und fast ließ man sie in der Ecke Strafe stehen. Nie wurde ich das Gefühl los, wie ein unartiges kleines Kind behandelt zu werden. Und manchmal habe ich dieses Gefühl immer noch, wenn ich mit russischen Behörden zu tun habe. Dabei bin ich gar nicht in dieser vaterlosen Gesellschaft aufgewachsen, aber offenbar ist dieses Empfinden ansteckend.

Von Moral war immer wieder die Rede. Dabei kann man nicht sagen, dass Alexejs Beschäftigung in Indonesien besonders moralisch gewesen wäre: Er war Übersetzer für eine große Gruppe sowjetischer Ingenieure aus verschiedenen Waffenfabriken, deren Aufgabe es war, zu beobachten, wie die sowjetischen Waffen im Tropenklima funktionierten. Denn natürlich lieferte die Sowjetunion Waffen an Indonesien. Aber auch wenn man in einem befreundeten Land war, hatte man tunlichst auf der sowjetischen Insel zu bleiben. Und so fiel Alexej in Ungnade.

Im Sommer 1968 jedenfalls, lange nach seiner Rückkehr von seinem exotischen Abenteuer, beschloss Alexej Simonow, sein Leben endgültig zu ändern. Da hatte er schon ein paar Jahre in einem Verlag gearbeitet. Jetzt aber wollte er sich an der Filmhochschule bewerben und wurde dort auch aufgenommen. Mag sein, dass der berühmte Vater im Hintergrund ein wenig die Fäden gezogen hatte, dieser Vater, mit dem Alexej später sogar zusammenarbeitete, Theaterstücke übersetzte, Drehbücher schrieb und einen Film machte. Dieser Vater, den die Mutter liebte und zuzeiten wohl auch hasste, den sie ihm aber nie vorenthielt. Für ihn, für

Alexej, hielt sie ein positives Bild vom lange Zeit abwesenden Vater aufrecht und machte so die spätere Freundschaft erst möglich. Was Alexej jetzt, da er selbst Vater und Großvater ist, gut verstehen kann.

Jenem denkwürdigen Sommer 1968, der auch für Alexej Simonow einen völlig neuen Lebensabschnitt brachte, war eine lange Zeit vorausgegangen, in der er geglaubt hatte, das System sei reformierbar. Während seiner Zeit in Sibirien, so erzählt Alexej, sei er „bekehrt" worden. Auf dem Weg in die unwegsame Taiga hatte er seine Mitgliedschaft im Komsomol, dem kommunistischen Jugendverband, ruhend gestellt. In Eis und Schnee, in der Ödnis der winterlichen Verlassenheit hatte auch keiner nach seiner ideologischen Ausrichtung gefragt. Doch dann kam er in die Stadt Jakutsk, eine im Schlamm versinkende Kleinstadt, in der die Kontrolle aber funktionierte. Alexej wurde nach seiner Mitgliedschaft beim Komsomol gefragt. Ein Funktionär lud ihn zu sich nach Hause ein und redete auf ihn ein, dass er das System nur von innen heraus verändern könne. Alexej ließ sich überzeugen und widmete sich in seinen Studienjahren vor allem der Reform des Komsomol. Es war die Zeit des Chruschtschowschen Tauwetters; deshalb konnte Alexej vieles tun. Trotzdem begriff er – es war bald nach Chruschtschows Absetzung 1964 –, dass er auf verlorenem Posten stand. Er verließ den Komsomol, so wie Ljudmila Alexejewa, die in ihrem Buch beschreibt, wie lange sie an die Möglichkeit geglaubt habe, das System von innen heraus zu reformieren, zu vermenschlichen. So lange, bis dieses System sie beinahe auffraß und in die Emigration zwang.

Sommer 1968. Alexej war gerade in der Filmhochschule angenommen worden. Er und seine Freunde sahen die neuen tschechoslowakischen Filme, die Filme des Prager Frühlings – und fürchteten, was passieren könnte. Die Filme, die wir zur gleichen Zeit in Wien voller Begeisterung sahen: „Die Liebe einer Blondine", „Wenn der Kater kommt", Filme von Forman bis Menzel, jene Filme mit dem unverkennbaren tschechischen

Humor und einer gewissen Leichtigkeit, die etwas von Schwejk an sich hatte.

Alexej sagt, in jenem Sommer hätten er und seine Freunde wie ein Mantra immer wieder das eine wiederholt: Wenn sie sie nur weitermachen lassen! Sie, die alten Männer des sowjetischen Politbüros, die nie anders agiert hätten als der Elefant im Porzellanladen. Ach, wie viel Porzellan sie zerschlagen würden, falls sie sie nicht weitermachen ließen, die tschechischen Reformkommunisten mit ihrer Utopie vom Sozialismus mit dem menschlichen Antlitz! Denn das war es ja, was sie wollten, die meisten der Dissidenten: einen menschlichen Sozialismus.

In jenem Sommer fuhr Alexej Simonow wieder einmal nach Sibirien, dieses Mal zum Angeln. Ich kenne keinen russischen Mann, der nicht vom Angeln schwärmt. Kein Urlaub in der Karibik kann, so scheint es, den Abenteuern auch nur annähernd gerecht werden, die man beim Angeln in den Weiten Russlands, an irgendwelchen Flüsschen in den Tiefen der sibirischen Taiga erleben konnte, früher, als man als Sowjetbürger ohnehin nur die Wahl zwischen der viel zu teuren Krim, der georgischen Schwarzmeerküste oder eben dem Angeln in den verlorensten Winkeln des Landes weitab der sogenannten Zivilisation hatte. So erzählt Alexej, wie er im Sommer 1968 als frischgebackener Student der Filmhochschule Freunde im tiefen Sibirien besuchen fuhr, um mit ihnen zu angeln. Abends tankten sie die Hubschrauber, mit denen sie zur Arbeit flogen, noch einmal auf, um an einen besonders entlegenen Fluss zu fliegen und dort einen der schmackhaften sibirischen Fische zu angeln. Urlaub, wie er sein sollte, weit weg von Hektik und Autolärm – aber mit dem Hubschrauber. Ein Aufenthalt im Paradies, sagt Alexej, in dem sie acht Kilogramm schwere Fische aus dem Fluss zogen und am offenen Feuer zubereiteten. Abenteuer pur – bis zu jenem fatalen 21. August, als sie im Radio, das ja doch nicht fehlen durfte, die Meldung vom Einmarsch der Warschauer-Pakt-Truppen in der Tschechoslowakei hörten.

Alexej war mit einem Freund zum Angeln gefahren, einem großen, kräftigen Burschen, einem ehemaligen Ringer. Wie alle gelernten Sowjetbürger hatten sie Vorräte mitgenommen, vor allem flüssige. Eine Kiste Wodka. An jenem 21. August 1968 holten sie diese Kiste hervor und begannen zu trinken. „Wie jeder richtige Russe, wenn er nichts anderes tun kann", sagt Alexej. Sie tranken, bis die Kiste leer war. Vierundzwanzig Stunden lang. Und wurden doch nicht betrunken. Am nächsten Tag sollte der Hubschrauberpilot, der mit Alexej und seinem Freund trank – und Alexej ganz nebenbei mit einem antisemitischen Spruch bedachte, was Alexejs Freund dazu veranlasste, den betrunkenen Piloten mittels Fußtritt aus dem Zelt zu befördern –, dieser Pilot also sollte in die nächste Stadt fliegen. Der Hubschrauber musste gewartet werden. Alexej drückte dem Piloten einen Brief an die Parteizeitung „Prawda" in die Hand, in dem der angehende Filmregisseur gegen den Einmarsch in die Tschechoslowakei protestierte. Eine gewagte Geste in der Sowjetunion des Jahres 1968. Das wusste auch Alexejs Freund, der dem Piloten diesen und noch einige weitere Briefe abnahm, die Alexej ihm mitgeben wollte. Am Ende, so lacht Alexej, dürfte sein vorsichtiger Freund gewonnen haben, denn er habe keine Schwierigkeiten bekommen, was nur bedeuten kann, dass sein Protest nie die Zeitungsredaktion erreichte.

Im Frühjahr 1968 war Alexej übrigens Vater eines Sohnes geworden, was ihn allerdings – wie alle russischen Männer – nicht daran gehindert hatte, einen Monat ins tiefe Sibirien zum Angeln zu fahren. Der wenige Monate alte Sohn und seine Frau, eine Schauspielerin, blieben in der Datscha bei Moskau zurück, wie es sich gehörte in einer guten sowjetischen Familie, sagt Alexej und fügt hinzu, er habe immer gerne Schauspielerinnen geheiratet. Dreimal, wenn ich richtig zähle. Mit der Frau, mit der er heute noch lebt, ist er immerhin schon gute fünfundzwanzig Jahre verheiratet. Die anderen Ehen dagegen hielten immer nur ein paar Jahre, was ihn aber offensichtlich nie entmutigte.

Seinen Sohn allerdings hat nicht dessen Mutter aufgezogen, die Schauspielerin, in die sich Alexej schon im zarten Alter von siebzehn Jahren verliebte, als er sie in einem Film sah, der sie berühmt machte. Zehn Jahre später lernte er sie tatsächlich kennen und heiratete sie. Sie aber war keine brave sowjetische Ehefrau, die sich um Kind, Haushalt, Mann und Beruf mühte. Das Kind also wurde nicht von ihr betreut, auch nicht vom jungen Vater, sondern von Alexejs Mutter, ganz der Tradition der vaterlosen Gesellschaft entsprechend. Die Schauspielerin aber verlosch allzu früh, starb mit vierzig Jahren in einer Silvesternacht. Wie in einem Roman, denke ich und erinnere mich dann, dass der Sohn inzwischen selbst Vater geworden ist und vielleicht mehr mit seinem Kind anfangen kann, als sein Vater und Großvater das konnten.

Die Mutter war jedenfalls die wichtigste Figur in Alexejs Leben und dem seiner Frauen, Freunde und Kinder. Und sie war auch die wichtigste Figur im Leben seines Sohnes und von dessen Freunden. Eine Heldin, wie so viele Frauen, die den sowjetischen Alltag mit seinen Schlangen vor den Lebensmittelgeschäften, seinen unmenschlichen Verpflichtungen und Umständen, seinen erniedrigenden Ritualen und Aufgaben bewältigten, weil sie keine andere Wahl hatten.

Zurück zu jenem Sommer 1968, als der betrunkene Alexej mit einem Brief an die „Prawda" gegen den Einmarsch in die Tschechoslowakei protestieren wollte und von seinem Freund glücklicherweise daran gehindert wurde. Danach, so sagt er, habe er sich dem Kino und der Literatur gewidmet und die Politik gemieden. Bis zu einem anderen entscheidenden Jahr, dem Jahr 1991, als Glasnost und Perestrojka auf immer neue Proben gestellt und nicht immer den in sie gesetzten Erwartungen gerecht wurden. Dem Jahr, als es in den baltischen Staaten zu blutigen Zusammenstößen zwischen unfreiwilligen Sowjetbürgern und der Staatsmacht kam. Damals, sagt Alexej, habe sein vierter Lebensabschnitt begonnen, der Lebensabschnitt als Menschenrechtsaktivist. Eins war die Geologie, als er als halbes Kind nach

Sibirien ging und reich zurückkam. Zwei waren die östlichen Sprachen und Indonesien. Drei das Kino. Und jetzt also der vierte Abschnitt: die Menschenrechte und die Pressefreiheit.

Damals, im Februar 1991, beschlossen einige Mitglieder des Verbandes der sowjetischen Filmschaffenden, dass man die Lügen des staatlichen Fernsehens über die Vorgänge im Baltikum nicht länger ertragen könne. Einer von ihnen war Alexej Simonow. Sie riefen zum Boykott des staatlichen Fernsehens auf, ganz öffentlich, in der Zeitschrift „Argumenti i Fakti", „Argumente und Fakten" also, die damals in einer Auflage von elf Millionen Stück erschien und auch wirklich gelesen wurde, in jenen Tagen, als man alles las, was publiziert wurde. Und die Regisseure forderten die Journalisten auf, sich diesem Boykott anzuschließen. Kaum war der Artikel erschienen, stellten die Autoren fest, dass sie selbst wenig riskierten, wenn sie zum Boykott des staatlichen Fernsehens aufriefen, dass die Journalisten allerdings ihre Arbeit und damit ihre Existenzgrundlage verlieren konnten. Etwas musste also getan werden, um die Mutigen, die sich trotzdem dazu entschließen würden, zu unterstützen. So entstand die Idee von der Schaffung des „Fonds zur Verteidigung der Glasnost", dessen Chef Alexej Simonow bis heute ist und der nun mehr denn je eine wichtige Rolle im russischen Journalismus spielt. Am Anfang, sagt Alexej, standen andere, berühmtere Namen an der Spitze. Er aber nahm den eigenen Boykottaufruf ernst genug, um seine Arbeitsverbindung mit dem Fernsehen zu beenden und sich vollberuflich den Angelegenheiten des Fonds zu widmen.

Anfang Juni 1991 trat der Fonds zum ersten Mal öffentlich in Erscheinung. Bei einer Pressekonferenz sprach man über Pressefreiheit und Zensur; ein Teilnehmer stellte fest, dass die erste öffentliche Wahrnehmung des Fonds ausgerechnet an jenem Tag stattfand, an dem kurz nach der bolschewistischen Oktoberrevolution, im Juni 1918 nämlich, das erste sowjetische Zensurkomitee seine Arbeit aufgenommen hatte. Ein Datum, wie es symbolträchtiger nicht hätte sein können.

Im August putschten verzweifelte alte Männer die Sowjetunion endgültig ins Grab; wenige Monate später wurde Jegor Jakowlew, der erste Vorsitzende des „Fonds zur Verteidigung der Glasnost", zum Chef des ersten russischen Fernsehkanals ernannt. Er fragte Alexej, ob der Fonds jetzt nicht überflüssig geworden sei. Alexej verneinte entschieden – und sollte leider recht behalten. Der Kampf um die Glasnost, um Meinungs- und Pressefreiheit, tobt in Russland heute heftiger denn je. Mit ungleichen Mitteln und unter fast ebenso schwierigen Bedingungen wie zu Sowjetzeiten. Ohne den Fonds wäre dieser Kampf noch ein wenig erfolgloser, als er ohnehin zu sein scheint.

Dissidenten, Glasnost und Perestrojka

Heutzutage sitzt man wieder in der Küche und wälzt düstere Zukunftsszenarien. Zugegeben, die heutigen Küchen sind um vieles moderner als jene, in denen auch ich zu Sowjetzeiten gesessen bin. Die Möbel sind nicht mehr alt und schäbig, die Kühlschränke stets wohlgefüllt und nicht mehr alte, runde sowjetische Modelle, und Geschirrspüler hat man jetzt auch. Trotzdem, man sitzt immer noch in düsteren Gedanken um den Küchentisch.

Als die Sowjetunion 1991 unterging, dachten wir alle, das Zeitalter der Dissidenten und der Küchen sei vorbei. Und irgendwie war es ja auch so ab dem Zeitpunkt, als Michail Gorbatschow an die Macht gekommen war und die Herrschaft von Glasnost und Perestrojka – also Transparenz und Umbau – ausgerufen hatte. Plötzlich war man kein Dissident mehr, wenn man das System in Frage stellte. Keiner wie Ljudmila Alexejewa und ihre Freunde, die Jahre entweder im Lager oder im Exil verbrachten, weil sie unliebsame Fragen gestellt hatten. Keiner wie Alexander Nekritsch oder Lew Kopelew, die ich das Glück hatte, während meines Studienaufenthalts Anfang der siebziger Jahre kennenzulernen. Kurz nachdem ich ihnen bei gemeinsamen Freunden in Moskau begegnet war, hatten sie das Land für immer verlassen müssen. Damals war ich eine ziemlich unbedarfte Beobachterin, die das Dissidentenleben fast gemütlich fand. Das war nicht weiter schwer; schließlich wurde ich in Wohnungen eingeladen, in denen sich grundsätzlich trotz der Mangelwirtschaft immer köstliches Essbares fand, in denen interessante Menschen interessante Gespräche führten und mich sogar daran teilnehmen ließen.

Erst sehr viel später, als ich miterlebte, wie der ukrainische Dissident Leonid Pljuschtsch im Zug nach Österreich gebracht wurde, gezeichnet von Jahren der Folter in einer sowjetischen psychiatrischen Klinik, als ich Nathan Schtscharanski bei seiner Ankunft auf dem Wiener Flughafen sah, erst da wurde mir so richtig bewusst, dass ich nur jenen Ausschnitt des Dissidentenlebens zu sehen bekommen hatte, den man mir junger und dummer Studentin aus dem Westen zu zeigen bereit gewesen war.

Und dann hatte sich da plötzlich diese große Türe geöffnet. Andrej Sacharow wurde in den Volkskongress gewählt und lieferte sich Wortgefechte mit dem zaudernden Michail Gorbatschow; eine kurze Zeit lang schien es tatsächlich, als ob das System reformierbar sei. Die Dissidenten allerdings kamen mit dieser neuen Situation nicht zurecht. Ja, man war euphorisch, man stritt und diskutierte öffentlich, man brach Tabus und regte sich auf. Man schrieb und drehte Filme. Aber eines taten sie nicht, die Leute, die jahrzehntelang unter Einsatz all dessen, was ihnen teuer war, gegen die Unmenschlichkeit angegangen waren: Sie übernahmen keine Rolle in dem Spiel, das in den achtziger Jahren von Gorbatschow begonnen wurde. Sie blieben Zuschauer und Kommentatoren, aber sie wurden nicht zu Akteuren. Das überließen sie denen, die das wollten und konnten – weil sie es auch zuvor schon gekonnt und gewollt hatten: den tatsächlich oder nur vermeintlich gewendeten Komsomol-Funktionären und KGB-Mitarbeitern.

Unvergessen die zornige Rückkehr Alexander Solschenizyns nach Russland. Unvergessen seine heftigen Angriffe gegen die neue Ordnung unter Jelzin, der er nichts abgewinnen konnte. Unvergessen das Gefühl, er sei böse darüber, nicht mehr in die alte Sowjetunion zurückkehren zu können, sondern in dieses neue Russland, das ihm zwar den roten Teppich ausrollte, aber das Unrecht, das die Sowjetunion ihm angetan hatte, nicht wieder gutmachen konnte, weil es eben nicht mehr die Sowjetunion war. Unvergessen auch seine spätere Unterstützung für jede Aktion, die ein Sich-Abwenden von einem demokratischen Weg bedeutete, unvergessen sein letztes Werk, in dem er die Juden für alles verantwortlich machte, was in Russland schiefgegangen war und noch geht. Und natürlich die Staatstrauer bei seinem Tod. Eine Art später sowjetischer Rehabilitation.

Die Euphorie dauerte gerade einmal acht Jahre. Dann wachten wir auf und stellten endgültig fest, dass Dissidenten nicht geeignet sind, sich auf den Kampf um die Macht einzulassen. Und dass sie plötzlich wieder in ihrer alten Rolle benötigt wurden. Da hatte das Parlament gegen Präsident Jelzin geputscht, und Jelzin hatte das Parlament beschießen lassen. Auf den Kremlmauern patrouillierten schwer bewaffnete Soldaten, nichts war mehr übrig von jener fröhlichen Aufbruchstimmung des August 1991, als nach den drei Putschtagen die Twerskaja, Moskaus Prachtstraße, völlig autofrei war und von Menschen mit Eistüten in den Händen und Rollschuhen an den Füßen in Beschlag genommen worden war. Als die Statue des Eisernen Felix – Felix Dserschinski, Gründer des sowjetischen Geheimdienstes – unter dem Jubel der Menschenmenge und begleitet vom pathetischen Auftritt eines Soldaten (von dem es später hieß, es sei eigentlich ein Schauspieler gewesen) vom Sockel gestoßen wurde.

Mit den Schüssen auf das Parlament war es dann auch mit der Freizügigkeit fast schon wieder vorbei. Glasnost und Perestrojka blieben zwar noch eine Weile die wichtigsten Attribute der neuen Zeit, aber mit dem unaufhaltsamen Aufstieg eines bis dahin weitgehend unbekannten kleinen Mannes namens Wladimir Putin verschwanden auch sie im schwarzen Loch der gedächtnislosen Geschichte.

Nur die Dissidenten sind geblieben. Nicht ganz so in Gefahr wie zu Sowjetzeiten. Aber ihr Kampf ist fast der gleiche: gegen Rassismus und das brutale Vorgehen im Kaukasus, gegen die Gängelung der Medien und der Justiz, gegen die Verbiegung der Verfassung und die Diktatur der Bürokratie. Und immer noch riskieren sie alles. Auch, von einem Auftragsmörder am helllichten Tag auf offener Straße ermordet zu werden.

Sie sind alt geworden, die aufrechten Streiter für eine lebens-
wertere Welt. Hie und da gesellen sich aber doch noch junge
Menschen zu ihnen. Zum Glück.

Russische Seele 2

Wer im Lager geboren ist,
hat schlechte Gene.
Nichts kann dich retten.
Du lebst als Fortsetzung,
als Zeichen deiner selbst.
Wer im Lager geboren ist,
wird immer im Lager bleiben.
Mitleiden kann man nur
mit jenen,
die es verdienen.
Wer verdient es?
Wer im Lager geboren ist,
hat keine Rechte.
Was du nicht entschieden hast,
wird für dich entschieden.
Du bist schlecht,
weil du schlechte Gene hast.
Wo aber bleibt die Seele?
Im Lager.

Swetlana, die Dolmetscherin

Ohne sie hätte ich mich in Moskau nicht zurechtgefunden, am Anfang, als ich in die Sowjetunion kam, um hier zu arbeiten. Wir nannten sie immer nur respektvoll mit Vor- und Vatersnamen: Swetlana Nikolajewna. Und sie war unser aller Cicerone durch die Mäander der sowjetischen und dann der russischen Bürokratie. Eine, die genau wusste, was von uns erwartet wurde.

Eine erste Begebenheit. Der Putschversuch 1991. Ich war gerade einmal ein paar Wochen in Moskau, als er begann. Am zweiten Putschtag verhängten die traurigen alten Männer mit den zitternden Händen, die meinten, die Sowjetunion retten zu müssen, ein nächtliches Ausgehverbot, und Swetlana Nikolajewna schritt mit der ihr eigenen Grazie zur Schreibmaschine, um im schönsten Bürokratenrussisch eine Ausnahmegenehmigung für uns zu erbitten. Ihre Fähigkeit, mit der bürokratischen russischen Sprache umzugehen, ist uns bis heute sehr oft nützlich gewesen. Denn die neue russische Bürokratie liebt die umständlichen und langwierigen Standardphrasen ebenso, wie das die sowjetische Bürokratie getan hat. Ja, manchmal erscheint es mir, als liebe sie sie sogar mehr als einst.

Swetlana Nikolajewna ist vielleicht das, was man heutzutage und hierzulande despektierlich als „Sowok" bezeichnet: ein typischer Sowjetmensch. Das jedenfalls sagt sie gerne auch von sich selbst. Ich bin mir nicht immer sicher, ob das auch wirklich so ist.

Geboren wurde sie im September 1940 nahe dem Weißrussischen Bahnhof in Moskau, also faktisch im Zentrum der Hauptstadt, und doch in einem kleinen zweistöckigen Holzhaus. Solche Häuser kann man bis heute in Moskau finden. Ihr Zuhause war eine jener Gemeinschaftswohnungen, in denen ganze Generationen von Russen nach der Oktoberrevolution aufwuchsen. In einem winzigen Zimmer lebten Swetlana mit Mutter und Großmutter, im anderen eine Großmutter und drei erwachsene Kinder. Und vermutlich stritt man tagein, tagaus, weil der Alltag in den bedrängten Verhältnissen unerträglich war. Das Wasser musste von einem Hydranten im Hof geholt werden, eine Toilette gab es in der Wohnung auch nicht.

Ich erinnere mich an einen Besuch in Grosny kurz nach dem Ende der offenen Kampfhandlungen. In einer Wohnung im dritten Stock saß uns eine schwangere junge Frau gegenüber. In der Küche brannten alle vier Flammen des Gasherds – weil es sonst keine Heizung gab –, das Wasser hatte die junge Frau gerade vom Hydranten im Hof geholt, wo auch notdürftige Toiletten aufgestellt worden waren. Sechzig Jahre lagen zwischen Swetlanas Kindheit in der Moskauer Gemeinschaftswohnung ohne Wasser und Toilette und der Wohnung des jungen Paares im zerbombten Grosny. Sechzig Jahre – und so viele Ähnlichkeiten.

Swetlanas Mutter war eine hübsche junge Frau, die keine Ausbildung hatte und sich ihr Leben mit dem verdiente, was man heute Gelegenheitsjobs nennen würde. Ein wenig flatterhaft sei sie gewesen, sagt Swetlana, verschmitzt lächelnd, habe die Männer geliebt und sei von ihnen geliebt worden. Sie war 1917 in ärmlichen Verhältnissen geboren, die Sowjetmacht hatte ihr gegenüber keines ihrer unzähligen Versprechen eingehalten. Vielleicht war die Familie ja auch nicht proletarisch genug, sie entstammte eher dem armen Kleinbürgertum, war also nicht würdig, in den Genuss der neuen Zeiten zu kommen. Jedenfalls wuchs Swetlanas Mutter heran, ohne einen Beruf zu erlernen. Den Vater wiederum hat Swetlana – wie so viele – nie wirklich kennengelernt. Neun Monate nach ihrer Geburt begann der Krieg, und der Vater musste sofort an die Front. Es ist ihm nichts passiert, während er Soldat war, sagt Swetlana. Aber er fand – ebenfalls wie so viele – eine Kriegsbraut, eine Krankenschwester, Fahrerin oder Pilotin; so genau weiß die Tochter das nicht, oder sie will es nicht wissen. Mit ihr kehrte er nach Moskau zurück, in ein neues Leben, außerhalb des Zimmerchens in der Gemeinschaftswohnung, in dem er Frau und Tochter zurückgelassen hatte. In dem das Leben – so meint die Tochter – für ihn wohl unerträglich gewesen sein muss, mit Schwiegermutter und Tochter stets auf Tuchfühlung.

Aufgezogen hat Swetlana also – natürlich – die Großmutter. Die vaterlose Gesellschaft war und ist zum Teil immer noch auch eine Gesellschaft der Großmütter, die die Elternrolle übernehmen. Und diese Großmutter Swetlanas war es wohl auch, die sich gegen die Evakuierung wehrte, als der Krieg begann, Moskau bombardiert wurde und die Nazi-Armee immer näher an die Hauptstadt heranrückte. Immer wieder kam man, um die beiden Frauen und das Baby ins Hinterland zu schicken. Aber die Frauen wollten ihr Zimmerchen in der Gemeinschaftswohnung nicht auch noch verlieren, ahnten wohl auch, dass eine Evakuierung das Todesurteil bedeuten konnte. Zwei Frauen ohne Ausbildung und ein Baby; „wir wären umgekommen", sagt Swetlana. Und wieder denke ich, wie sehr sich die Sowjetunion doch gegenüber ihren Bürgern schuldig gemacht hat. Um solche Familien wie jene, in der Swetlana aufwuchs, kümmerte sich niemand. Der Befehl zur Evakuierung bedeutete nämlich keineswegs, dass man Vorsorge trug für die entwurzelten Menschen; man brachte sie bloß fort aus ihrer gewohnten Umgebung und überließ sie dann ihrem Schicksal.

Kein Wunder, dass Großmutter und Mutter sich gegen die Evakuierung wehrten, obwohl das Leben in Moskau immer gefährlicher wurde. Und doch, hier konnten sie sich irgendwie durchschlagen. Für das Baby gab es Milchersatz, für die Erwachsenen Lebensmittelkarten, allerdings nur für das gerade Allernötigste; sie waren ja keine nützlichen Mitglieder der Gesellschaft, die Arbeit hatten. Und doch dachten sie, dass sie hier überleben könnten; es war ihre Stadt, vertraut in allen Facetten.

Swetlanas Großvater war schon lange tot. Er hatte in einer Tortenfabrik gearbeitet und war bald nach der Revolution an Tuberkulose gestorben. Die Großmutter hatte sich und die Töchter durchgebracht, indem sie für fremde Leute nähte. Auch im Krieg gelang es ihr, auf diese Weise das Nötigste für sich, die Tochter und die Enkelin herbeizuschaffen. Von dem, was sie auf Lebensmittelkarten erhielten, hätten sie nicht leben können, die Großmutter aber bekam im Tausch für ihre Näharbeiten einmal etwas Brot, einmal etwas Butter, ein bisschen Gemüse. Genug, um nicht zu verhungern, zu wenig, um das ewige Hungergefühl verstummen zu lassen.

Bei Bombenalarm suchten sie in der Metro Schutz. Auf den Bahnsteigen lagen Matratzen, viele Kinder liefen herum. Daran erinnert sich Swetlana, und auch daran, dass sie bald schwer krank wurde, sich wohl bei einem der zahlreichen Kinder angesteckt hatte, und dass Mutter und Großmutter danach nicht mehr mit ihr in die Metro flüchteten, wenn die Bomber kamen, sondern daheim blieben in dem kleinen zweistöckigen Holzhaus. Es war umgeben von vielen Holzhäusern gleicher Bauweise und lag nahe dem Weißrussischen Bahnhof, der natürlich ein Ziel für die Bomber der Nazis war. Sie erinnert sich an die Sirenen, die vor den Bombern warnten, und an die unzähligen Brände, die nach jedem Angriff rund um ihr Holzhäuschen aufloderten. Ihr eigenes aber blieb wie durch ein Wunder verschont.

Noch eine Kindheitserinnerung aus dem Moskau der Kriegstage. Swetlanas Tante, die sie nie kennengelernt hatte, weil sie schon vor Kriegsausbruch an einer Herzkrankheit gestorben war, lag auf dem Wagankowsker Friedhof begraben. Die Großmutter besuchte das Grab regelmäßig, und wenn sie Swetlana mitnahm, war das ein Festtag. Denn auf dem Weg zum Friedhof mussten sie an einer Brotfabrik vorbei und konnten sich am Geruch des frischen Gebäcks delektieren. Der Hunger war unerbittlich. Der Hunger und die Dunkelheit. Abends machte man nicht Licht; erst wenn die Verdunkelung sicher vor allen Fenstern angebracht war, wurde eine kleine Lampe angezündet. Und Swetlana erinnert sich an die schreckliche Aufregung, als im Hof, in dem ihr kleines Holzhaus stand, mitten in der Dunkelheit plötzlich ein Fenster hell erleuchtet war. Die Menschen seien in Panik zusammengelaufen; schließlich habe jemand die Türe zur betreffenden Wohnung aufgebrochen und das Licht ausgemacht. Die Bewohner waren wohl weggegangen und hatten vergessen, die Verdunkelungsvorhänge zuzuziehen.

Der Weg zum Wagankowsker Friedhof. Einmal seien lauter Särge herumgelegen, als sie auf dem Friedhof ankamen, erzählt Swetlana. Eine Bombe hatte eingeschlagen und die Totenruhe gestört. Das Grab der Tante aber sei unbeschädigt gewesen. Bis heute besucht Swetlana regelmäßig den Friedhof, Mutter und Großmutter sind dort neben der Tante begraben. Die Brotfabrik gebe es nicht mehr, die Erinnerung an den Hunger aber sei geblieben, meint Swetlana. An den Hunger, die Dunkelheit und die Angst, die auch die Erwachsenen nicht verheimlichen konnten.

In all dem Entsetzen fand Swetlanas Mutter eine neue Liebe, einen jungen Wachsoldaten, der nicht mehr an die Front musste, weil der Krieg sich schon seinem Ende zuneigte. Ein guter Mann sei er gewesen, sagt Swetlana, einer, der sich um sie kümmerte, um die zwei Frauen und das Kind. Die Soldaten hätten mehr und bessere Lebensmittelzuteilungen erhalten, und er, der neue Mann ihrer Mutter, habe die kleine Familie gut versorgt. Im Februar 1945 kam Swetlanas Schwester aus dieser Verbindung auf die Welt. Jetzt waren sie zu viert in dem winzigen Zimmerchen; der neue Mann der Mutter lebte noch in der Kaserne und kam sie nur an seinen dienstfreien Tagen besuchen. Als der Krieg zu Ende war und er aus der Armee entlassen wurde, beschloss er, zurück in sein Dorf zu gehen, aus dem ihn die Armee nach Moskau verpflanzt hatte. Swetlanas Mutter besuchte ihn dort mit der gemeinsamen Tochter. Seine Mutter habe sie freundlich aufgenommen, erzählte sie nach ihrer Rückkehr, er aber habe sich geweigert, mit zurück nach Moskau zu kommen. Und Swetlanas Mutter konnte sich wohl nicht vorstellen, in jenem Dorf zu leben, aus dem der Vater ihrer zweiten Tochter stammte. Vielleicht war ja auch einfach die Liebe fortgeschwemmt worden vom unerträglichen Alltag in der Gemeinschaftswohnung und dem Dorf in den russischen Tiefen.

Ich erinnere mich an meine Fahrt in ein solches Dorf. Waschen musste man sich am Brunnen, die Toilette war eine windschiefe Holzhütte hinten im Garten, zu der ein im Schlamm versinkender Holzsteg führte. Abends saß man bei der einen oder anderen Nachbarin um den Küchentisch und trank selbst gebrannten Wodka. Mehr war nicht zu tun an den Abenden in den Dörfern. Für Swetlanas Mutter stellte sich die Frage deshalb wohl gar nicht, ob sie das Zimmerchen in der Gemeinschaftswohnung in Moskau gegen ein Leben im Dorf eintauschen sollte.

So lebten sie also in dem Holzhaus am Weißrussischen Bahnhof. Die beiden Mädchen wuchsen heran, kamen in die Schule. In der Zwischenzeit gelang es Mutter und Großmutter, das Zimmerchen in der einen Gemeinschaftswohnung gegen ein größeres in einer anderen zu tauschen. Immer noch mussten sie das Wasser vom Hydranten im Hof holen, aber etwas mehr Platz hatten sie immerhin. Wie Ljudmila Ulitzkajas Erzählungen von den „kleinen Leuten", denke ich. Ganze Generationen sind so aufgewachsen, haben diese Art von Leben als selbstverständlich hingenommen, weil es nichts anderes gab. Vielleicht eine Erklärung für manches?

Die Schule jedenfalls gefiel Swetlana, vor allem die Bücher, die man ihr zu lesen gab. Wenn sie sich in ein Buch vertiefte, konnte sie die ganze Nacht lesen, sagt sie, und durchaus einmal die Schule schwänzen.

Ob sie zu Hause über Politik gesprochen hätten, frage ich und ernte ein mitleidiges Lachen. Was hätten sie denn da besprechen sollen, fragt Swetlana mit jenem Tonfall, der besagt: Ach, du naives Wesen aus dem Westen, nichts hast du verstanden! Aber dann erzählt sie weiter. Wenn das Wetter es zuließ, spielten sie und die Schwester im Hof ihres Hauses. Eines Tages hörte sie einem Gespräch der alten Frauen zu, die auf einer der Bänke im Hof saßen. Stalin sei schwer krank, flüsterten sich die Omas zu. Swetlana lief nach Hause und rief der Großmutter laut zu, was sie gehört hatte. Die gab ihr eine Ohrfeige und brüllte sie an: Nie im Leben solle sie jemals wieder dergleichen sagen, ja nicht einmal denken dürfe sie das. Mehr Politik sei in ihrer Kindheit nicht gewesen.

Swetlana lernte gut, weil sie gerne las, und beendete die Schule mit Auszeichnung. Sie trat dem Komsomol bei, dem kommunistischen Jugendverband. Ein freudiger Tag sei das gewesen, als sie alle gemeinsam, die ganze Klasse, aufgenommen wurden. Worüber sie sich da eigentlich freuten, wussten sie nicht so recht. Aber ihren Komsomol-Ausweis hat sie bis heute aufgehoben. Wichtig sei der Beitritt auch gewesen, um auf die Universität gehen zu können. In den Fragebögen, die man vor der Immatrikulation ausfüllen musste, wurde nach der Komsomol-Zugehörigkeit gefragt; sie war unbedingte Voraussetzung für die Aufnahme. Der Komsomol gerierte sich als moralische Instanz und war doch nicht viel mehr als ein bürokratisches Instrument zur besseren Kontrolle einer Jugend, die sonst vielleicht eigene Gedanken hätte entwickeln können. Swetlana jedenfalls stellte seine Bedeutung nicht in Frage, trat ihm bei – so wie fast alle ihre Klassenkameraden – und maß ihm ebenso wenig Bedeutung bei wie die meisten ihrer Freunde.

Ein junger Mann habe sich sehr aktiv in die Komsomol-Arbeit vertieft, erzählt Swetlana, einer aus einer besonders armen Familie. Die Schule habe er mit Auszeichnung beendet, sei an der Universität angenommen worden – und kurz danach habe man ihn ermordet aufgefunden. Die Sache sei nie aufgeklärt worden. Erinnerungen an eine sowjetische Jugend. Irgendwie gleichmütig berichtet Swetlana von dem Mord, davon, dass die Mörder nie gefunden wurden und dass man einfach nicht darüber redete. Swetlana erzählt, dass es in jener Ecke Moskaus, in der sie lebten, ziemlich viel Kriminalität gab, über die aber nie gesprochen wurde. Burschen, die in ihrer Gasse wohnten, die sie von klein auf kannte, wurden verhaftet, waren in irgendwelche kriminelle Angelegenheiten verwickelt. Doch die offizielle Sowjetunion erlaubte nicht, dass man über dergleichen auch nur nachdachte.

Aus ihrer Klasse seien vor allem die Mädchen an die Universität gegangen. Die jungen Männer hätten Berufsschulen gewählt oder seien gleich in die Fabrik, wenn sie nicht, wie gesagt, irgendwo in der Kriminalität gelandet seien. So sei das gewesen in der grauen Masse der Sowjetbürger kurz nach jenem grauenhaften Krieg mit seinen Millionen Opfern. Swetlana besuchte die Pädagogische Hochschule, Abteilung für Germanistik. In der Schule hatte sie Deutsch gelernt. So bald nach dem Krieg? Und niemand hatte etwas dagegen? Niemand, sagt Swetlana. Keiner wusste sehr viel. Die Väter waren im Krieg gefallen oder hatten, wie ihr Vater, neue Familien gegründet. Niemand erzählte den Kindern vom Krieg gegen Nazi-Deutschland. Deutsch zu lernen erschien ihnen nicht merkwürdiger als Englisch oder Französisch. Im Übrigen sei sie ohne besondere Begeisterung gerade in jenem Institut gelandet. Sie habe selbst nicht gewusst, was sie mit ihrem Leben anfangen wolle. Klar war nur, dass sie auf die Universität gehen musste, so wie alle. Und nach dem Diplom musste man heiraten, ebenfalls so wie alle. Und Swetlana tat, was alle taten. Sie war damals eine hübsche Aschblonde, so hübsch, wie es auch ihre Mutter gewesen war. An ihrem Institut studierten ausschließlich Mädchen. Wenn sie ein Fest gaben, strömten die jungen Männer der anderen Fakultäten herbei.

Frauen in der Sowjetunion: Die Trennung zwischen männlichen und weiblichen Berufen wurde nie aufgehoben und verlief vor allem längs der Verdienstmöglichkeit. Ärzte, Lehrer – das waren die am schlechtesten bezahlten Berufe und folglich jene, die man den Frauen überließ. In meinen vielen Jahren in Moskau habe ich gezählte zwei Männer unter den Ärzten jener Poliklinik gefunden, die für uns Ausländer zuständig war. Der eine war der Chef, der andere ein Chirurg, dem man ansah, wie sehr er seinen Beruf verabscheute. Frauen in Russland heute: Selbst wenn sie den Männern im Business oft den Rang ablaufen, sind immer noch sie es, die die Kinder großziehen und sich um das Überleben im Alltag zu kümmern haben. In den allermeisten Fällen jedenfalls.

Bei einem jener Studentenfeste lernte Swetlana ihren ersten Mann kennen, einen Sportstudenten. Er forderte sie zum Tanzen auf, machte ihr den Hof und gefiel ihr wohl auch. Weil er ein Sportler war, das zählte in der Sowjetunion. Man traf sich, ging im Park spazieren und wenn das Geld reichte, auch einmal ins Kino. Und irgendwann schlug der junge Mann Swetlana die Heirat vor. Geliebt, seufzt sie, habe sie ihn wohl nicht. Es war einfach so, dass man heiratete, wenn man mit der Ausbildung fertig war. So wie alle anderen auch. Der junge Sportler war der erste Mann in ihrem Leben, und den heiratete sie eben. Es gab keine Auswahl, sagt sie heute, und auch, dass sie im Nachhinein betrachtet vielleicht anders entschieden hätte. Aber damals war der gesellschaftliche Zwang offenbar groß und das Bedürfnis, sich nicht von den anderen zu unterscheiden. Gerade bei Swetlana, die aus so elenden Verhältnissen kam.

Alle heirateten sie, die Studienkolleginnen aus Swetlanas Pädagogischem Institut. Alle bekamen sie Kinder und ließen sich sehr schnell wieder scheiden. Weil die Wohnverhältnisse bei den meisten ebenso katastrophal waren wie bei Swetlana, weil kaum eine junge Ehe der ständigen Präsenz von Großeltern und Kindern lange standhielt. Viele hatten ohnehin nur geheiratet, weil sie schwanger geworden waren, und in der Sowjetunion der angeblich neuen moralischen Ideen gab es nichts Schlimmeres, als unverheiratet schwanger zu werden. So heiratete Swetlana, und der junge Mann zog mit ein in das Zimmerchen in der Gemeinschaftswohnung. Der erste Sohn des jungen Paares wurde dort geboren, und sogar Swetlanas Vater erschien einmal auf der Bildfläche, um seinen Enkel zu begutachten. Aber die Tochter wollte nichts von ihm wissen und schickte ihn weg.

Irgendwann in dieser Zeit lachte der Familie dann allerdings das Glück. Die alten Holzhäuser in ihrem Bezirk wurden abgerissen, und sie erhielt zwei Einzimmerwohnungen im selben Haus. Es muss ihnen wie das Paradies erschienen sein: endlich allein leben zu können, wenn auch nur auf engem Raum.

Und dann wurde Kolja, Swetlanas Mann, schwer krank. Ein Jahr lang lag er im Krankenhaus. Swetlana, die damals als Lehrerin in einer Schule arbeitete, fuhr jeden Tag zu ihm, brachte ihm Lebensmittel und frische Wäsche, pflegte ihn, weil die Pflege in den sowjetischen Krankenhäusern so schlecht war, wie sie es heute in den russischen ist. Weil keiner sich wirklich kümmerte. Weil Koljas Nieren versagten und er vor sich hin starb.

Eines Tages erschien er ihr bei ihrem Besuch fröhlicher, frischer, nicht so grau im Gesicht. Da hatte man ihn einer Dialyse unterzogen. Die künstliche Niere, sagt Swetlana, habe damals einen ganzen Saal eingenommen, und Kolja habe ihr begeistert von diesem riesigen Apparat erzählt. Swetlana fuhr beruhigt nach Hause. In der Nacht läutete es an ihrer Wohnungstüre. Draußen stand der jüngere Bruder ihres Mannes und sagte ihr, dass Kolja an Herzversagen gestorben sei. Der gemeinsame Sohn war da gerade drei Jahre alt. Noch ein Kind, das ohne Vater aufwachsen würde. Aber daran dachte Swetlana wohl nicht in jenem Augenblick.

Die Verwandten ihres Mannes kümmerten sich am Anfang um sie und das Kind, aber nach und nach wurden ihre Besuche seltener. Sie hatten wohl genug eigene Sorgen, meint Swetlana. Und es ging ihnen nicht schlecht, ihr und dem Sohn. Als Lehrerin verdiente sie ganz gut, was aber wohl vor dem Hintergrund des Elends ihrer eigenen Kindheit zu verstehen ist. Denn im Gegensatz zu Mutter und Großmutter hatte sie eine richtige Ausbildung, eine richtige Arbeit, ein regelmäßiges, vor allem sicheres Einkommen. Aber eine Frau ohne Mann galt in der Sowjetunion der angeblichen Gleichberechtigung wenig. Sehr wenig.

Bevor Swetlana Kolja geheiratet hatte, hatte sie sich in einen Studienkollegen verliebt, der allerdings eine andere wählte. Irgendwann nach dem Tod ihres Mannes fiel ihr die Telefonnummer dieser ersten Liebe in die Hände und sie rief ihn an. Einfach so. Eine Weile redeten sie, über die Zeit an der Universität und gemeinsame Freunde. Dann fragte sie ganz unschuldig nach seiner Frau. Geschieden sei er, sagte er ihr. Und so begann Swetlanas zweite Beziehung, mit einem Mann, den sie dieses Mal tatsächlich liebte, der aber nicht mehr heiraten wollte.

„Und ich musste doch unbedingt heiraten!", sagt Swetlana und lacht über sich selbst, wie sie damals war. Warum, fragt sie sich heute. Warum war es so wichtig, zu heiraten? Sie kann die Frage nicht mehr beantworten.

Eines Tages dann gab es eine neue Wendung in Swetlanas Leben. Neben der Schule, in der sie arbeitete, befand sich ein Stellungsbüro. Swetlana saß gerade im Lehrerzimmer und korrigierte Schularbeiten, als plötzlich ein Offizier vor ihr stand und fragte, wer hier in der Schule Deutsch unterrichte. Das sei sie, sagte Swetlana. Für eine sowjetische Schule in der DDR, sagte der Mann, werde dringend eine Deutschlehrerin gesucht. In der DDR standen große sowjetische Truppenverbände, und die vielen Offiziere der sowjetischen Armee waren mit Frauen und Kindern in das sozialistische Bruderland gekommen. Diesen Kindern sollte jetzt in einer sowjetischen Schule und von einer sowjetischen Lehrerin Deutsch beigebracht werden. Auf die Verbündeten wollte man sich wohl lieber nicht verlassen.

Zuerst traute Swetlana ihren Ohren nicht, dann sagte sie, sie würde es sich überlegen. Arbeit in der DDR, das war gleichbedeutend mit sozialem Aufstieg und mit einem besseren Einkommen. Selbst eine kleine Lehrerin verdiente sehr viel mehr, wenn sie für die Armee in einem der sogenannten Bruderländer arbeitete. So entschied sich Swetlana ziemlich schnell. Der Liebhaber gab sich gleichmütig, als sie ihm davon erzählte, die Mutter und die Großmutter wollten Swetlanas Sohn in Moskau behalten, aber das ließ sie nicht zu. Und so begann ihr Leben in der DDR.

Nein, so einfach war das alles nicht. Natürlich wurde sie genau überprüft, natürlich musste sie endlose Fragebögen ausfüllen – jene Fragebögen, in denen bis 1991 ein Punkt besonders hervorstach: Haben Sie oder Verwandte während des Krieges in den von den Deutschen besetzten Territorien gelebt? Kein Problem für die 1940 Geborene, die außerhalb Moskaus keine Verwandten hatte. Diese Frage konnte sie guten Gewissens mit Nein beantworten. Trotzdem lehnte das Parteikomitee ihrer Schule – und die Parteikomitees am

Arbeitsplatz waren in allen Dingen des täglichen und des nicht alltäglichen Lebens die oberste und letzte Instanz – ihren Antrag ab, sie zur Arbeit in die DDR gehen zu lassen. Jung, blond, geschminkt und modisch gekleidet habe sie den alten Männern und Frauen in ihren abgetragenen Sakkos und den Spitzenkrägelchen wohl einfach missfallen, sagt Swetlana. Am Ende aber überredeten die Militärs und der Direktor der Schule die eisernen Hüter der Parteimoral. Swetlana und ihr Sohn durften reisen.

Ihr Dienstort war Naumburg an der Saale, eine wunderschöne Stadt mit einem herrlichen Dom. Swetlana war überwältigt. So hatte sie sich Deutschland nicht vorgestellt. Ihr Bild von diesem Land stammte aus sowjetischen Filmen. Dort war Deutschland ein dunkler, trauriger Ort voller Nazis. Jetzt aber kam sie nach Naumburg mit seinen wunderbaren Rosengärten, seinen alten Bürgerhäusern und Museen, die Swetlana häufig besuchte. Aber natürlich lebte auch sie in der angeblich befreundeten DDR auf einer sowjetischen Insel, in einer Militärsiedlung, in der man ihr ein geräumiges Zimmer in einem eigens für die Lehrer errichteten Haus zuwies. Unter Russisch sprechenden Menschen, ohne Kontakt zu den Deutschen.

Mit ihrem allerersten deutschen Gehalt ging sie in die Fleischerei. Der Hunger der Kindheit wirkte nach. Das Angebot an Würsten und Schinken, Schnitzel und Gulaschfleisch machte ihr weiche Knie. Beim Anblick dieses Überflusses, der einem westlichen Besucher wohl ziemlich bescheiden erschienen sein mag, überkam sie etwas wie Wut: Wie ärmlich man doch in Moskau lebte – und wie reich hier in Deutschland. Jenem Deutschland, das diesen unsäglichen Krieg begonnen, das so viel Leid über Europa gebracht hatte, Nazi-Deutschland. In diesem Moment dachte sie gar nicht daran, dass sie selbst die Arbeit in Deutschland ja vor allem angenommen hatte, um sich endlich etwas besser ernähren und kleiden zu können als in ihrem armen Moskau. Der Gedanke kam und ging auch wieder, und Swetlana genoss den ungewohnten Luxus: das für sowjetische Verhältnisse reich-

liche Lebensmittelangebot, den guten Friseur, das sehr viel beque-
mere Leben.

Der Mann aber, der nicht hatte heiraten wollen, begann ihr
täglich zu schreiben, beschwor sie, zurückzukommen, versicherte
ihr, wie sehr er sie vermisse. Ein Jahr lang blieb sie in Naumburg.
Als sie dann in den Sommerferien nach Moskau kam, stellte sie
ihn noch einmal vor die Wahl: entweder Heirat, oder sie würde
zurück nach Deutschland gehen. Da gab er nach. Am 30. September 1970 heirateten die beiden – und im November 1990 ließen
sie sich wieder scheiden, nachdem sie gemeinsam einen Sohn bekommen und großgezogen hatten. Da arbeitete Swetlana aber
längst in unserem Büro und war damit eine sehr privilegierte
Sowjetbürgerin, die ihren Söhnen etwas bieten konnte. Sie hätten
sich auseinandergelebt, sagt Swetlana, obwohl sie es lange Zeit
gut miteinander gehabt hätten. Aber nach zwanzig Jahren seien
sie sich gegenseitig langweilig geworden.

Ihr zweiter Sohn kam zwei Jahre nach der Heirat zur Welt.
Swetlana blieb drei Jahre bei ihm zu Hause, dann sagte man ihr
in ihrer Schule, dass man keine Deutschlehrerin mehr brauche.
Eine Bekannte riet ihr, sich an jene Organisation zu wenden,
deren vordergründige Aufgabe es war, in Moskau lebenden Ausländern Dienstpersonal und Wohnungen zu beschaffen. Im
Hintergrund allerdings sollte man dafür sorgen, dass eben diese
Ausländer nichts anstellten, während sie im Vaterland des Sozialismus weilten. Die Organisation gibt es bis heute. Vielleicht
soll sie die Ausländer ja nach wie vor unter einer gewissen Kontrolle halten, aber heute ist es ihre Hauptaufgabe, ihnen so viel
Geld abzuknöpfen wie nur möglich. Denn die Wohnungen, in
denen Diplomaten, Journalisten und Geschäftsleute wohnen,
werden immer noch von jener Organisation verwaltet. Und die
verdient daran mehr als reichlich.

Swetlana jedenfalls musste damals, Mitte der siebziger Jahre,
wieder Dutzende Fragebögen ausfüllen. Wieder half ihr ihre mehr
als ärmliche Herkunft und die Tatsache, dass sie kaum Verwandte

besaß, die während des Krieges in den von Deutschen besetzten Territorien hätten leben können. Am Ende sagte man ihr, man werde sich an sie wenden, wenn sich Arbeit für sie finde. Lange Zeit hörte sie nichts, dann erhielt sie einen Brief, in dem man sie zum Gespräch vorlud. Ihr Gegenüber war ein Angst einflößender General mit breiter Ordensbrust. Er unterzog sie einer Prüfung und wies sie streng zurecht, als sie nicht zu sagen wusste, wer Walter Ulbricht sei, der Parteichef der DDR, in der sie vor gar nicht so langer Zeit gearbeitet hatte. Aber auf ihrer sowjetischen Insel im deutschen Naumburg hatte man seinen Namen eben nicht erwähnt, also kannte sie ihn auch nicht.

Nach dieser „Prüfung" dachte sie, dass man ihr keine Arbeit geben werde. Kurze Zeit später jedoch wurde sie in die Kaderabteilung jener Organisation vorgeladen. Man bot ihr Arbeit als Russischlehrerin in der DDR-Schule in Moskau an. Die Bezahlung war für Moskauer Verhältnisse außergewöhnlich gut. Und so fuhr Swetlana tagein, tagaus ans andere Ende von Moskau, um kleinen DDR-Bürgern Russisch beizubringen. Nach einem Jahr wurde sie wieder in die Kaderabteilung vorgeladen, und man schlug ihr vor, als Dolmetscherin für das Moskauer Büro der ADN, der Presseagentur der DDR, zu arbeiten. Swetlana nahm das Angebot gerne an. Das ADN-Büro lag näher zu ihrem Haus, und die Arbeit in der Schule machte wenig Spaß. Diese deutschen Kinder hätten wenig Lust gehabt, Russisch zu lernen, meint Swetlana, deshalb schien ihr das neue Angebot verlockend.

Solange sie für die DDR-Agentur tätig war, ließ man sie übrigens gewähren. Das waren ja schließlich Freunde. Dann aber bot sich ihr die Gelegenheit, für den österreichischen Fernsehkorrespondenten zu arbeiten. Ihre Arbeitgeber aus der DDR rieten ihr heftig ab. Ob sie denn wirklich für einen Menschen aus dem kapitalistischen Ausland arbeiten wolle? Sie aber wollte, nicht bedenkend, was auf sie zukam. Denn natürlich forderte die Organisation ihren Preis. Man verlangte, dass sie Berichte schrieb – so wie jeder, der mit Ausländern aus dem Westen zu tun hatte oder ins westliche Ausland reiste.

Als ich sie danach fragte, sagte sie zunächst, sie habe nichts dergleichen getan, öfter sei sie aber selbst denunziert worden. Doch dann kam sie eines Tages zu mir, einen Zeitungsartikel in der Hand. Darin erzählte ein russischer Musiker freimütig, dass man ihn nach einem Auslandsaufenthalt gezwungen habe, einen genauen Bericht zu verfassen. Und dass er in jedem Detail gelogen habe. Genau das sei auch ihr widerfahren, sagte Swetlana und gestand nun, dass sie selbstverständlich Berichte über die Arbeit in unserem Büro habe verfassen müssen, dass sie aber nie etwas Schlechtes über einen von uns geschrieben habe.

Und plötzlich mussten wir beide lachen. Weil ich immer gewusst hatte, dass sie über uns Auskunft geben musste, weil ich mir aber nie hatte vorstellen können, dass sie uns ernsthaft hätte schaden wollen. Was sie auch deshalb nie tat, weil wir heikle Gespräche nie in ihrer Gegenwart führten. Das machte die Atmosphäre im Büro manchmal nicht ganz angenehm; bis heute gibt es unnötige kleine Geheimnisse zwischen dem einen und dem anderen. Obwohl heute keiner unserer Mitarbeiter mehr Berichte schreibt an jene Organisation, die sich jetzt nur mehr damit beschäftigt, so viel Geld wie möglich zu scheffeln.

Ljudmila Ulitzkaja

Sie ist die Schriftstellerin der kleinen Leute, ihre Stimme in diesem Land, wo keiner etwas wissen will von deren Alltag. Wenn ich ihre Erzählungen lese, höre ich Swetlana über ihr Leben sprechen und viele andere, die mir im Lauf der Jahre in diesem Russland begegnet sind. Deshalb ist sie für mich auch die russische Schriftstellerin schlechthin, die nicht nur über das große Ganze philosophiert – wie es ihre männlichen Kollegen gerne tun –, sondern dem täglichen Elend ins Auge zu sehen wagt.

Wir kennen uns seit vielen Jahren, aber erst als ich sie bei einer Buchpräsentation wieder traf, fiel mir auf, dass wir viele gemeinsame Freunde haben. Von denen habe ich einige erst danach – sozusagen mit geschärfter Brille – in ihren Erzählungen wiedergefunden.

Mehrmals habe ich sie danach als Zeugin für unsägliche Ereignisse in Russland gebeten, mir vor der Kamera Rede und Antwort zu stehen. Nie hat sie sich verweigert. Und wenn ich mit meinem Kamerateam bei ihr zu Hause einfiel, in ihre geräumige Wohnung, in der nicht zufällig die Küche, etwas erhöht, quasi auf einem Podest ruhend, den Mittelpunkt bildet, gab es zunächst immer eine warme Suppe und andere selbst gekochte Köstlichkeiten, bevor wir die Kamera einschalten durften.

Als ich sie aber dieses Mal um ein Gespräch bat, eröffnete sie mir endlich, wie sehr sie dieses „Improvisieren vor dem Mikrofon" – so sagte sie wörtlich – verabscheue. Ich solle ihr aufschreiben, was ich von ihr wissen wolle, sie werde dann nachts, wenn sie Zeit und Muße habe, antworten. Ich war ziemlich unglücklich, denn im Gegensatz zu Ljudmila liebe ich gerade die improvisierten Gespräche, auch vor dem Mikrofon, jene Gespräche, bei denen man vom Hundertsten ins Tausendste gerät und so am Ende viele kleine Puzzleteilchen zu einem großen Ganzen zusammensetzen kann. Aber ich verstand auch den Widerstand der Schriftstellerin.

Was Ljudmila zu erzählen hat, erzählt sie selbst, viel besser, als das irgendjemand anderer könnte. Warum also hätte sie mir die Arbeit allzu leicht machen sollen? Und so habe ich über die Fragen gegrübelt, die ich ihr stellen wollte, und sie ihr dann geschickt. Ljudmila hat geantwortet. So viel oder so wenig, wie sie wollte.

*

Leben wir gerade in besonders unruhigen Zeiten oder ist das der normale russische Lebensrhythmus?
Die Stadt, in der ich lebe, ist tatsächlich ungewöhnlich angespannt, und das Leben in ihr ist schwierig. Als ich vor zwanzig Jahren zum ersten Mal nach New York kam, erschien mir der Lebensrhythmus dort außergewöhnlich hektisch. Heute, so viele Jahre später, erscheint mir das Moskauer Leben sehr viel angespannter. Aber wenn ich diese Frage nicht vor dem Hintergrund der täglichen Erfahrungen und Gefühle beantworten soll, so muss ich sagen, dass mir die Zeit gefällt, in die meine Generation hineingeboren wurde. Im Großen und Ganzen haben wir drei Epochen durchlebt: das Ende des Stalinismus, die enge und stickige Zeit der Breschnjewschen Stagnation und schließlich den Zusammenbruch des Kommunismus, der uns in einer Welt zurückließ, die in vielen Bereichen sehr kompliziert ist, aber auch reich an großen Möglichkeiten. Die weltweiten Veränderungen erscheinen mir eher positiv. Die Grenzen sind geöffnet, wir werden über die ganze Welt informiert. Das ist sehr wichtig.

Eine junge Frau, die Taxi fährt und die ich auf diese Weise kennengelernt habe, hat sich über die Bürokratie beschwert und

82

dann einen Satz gesagt, den auch meine Mitarbeiter immer wieder äußern: Alles hier ist nicht für die Menschen gemacht. Siehst du das auch so?

Ich bin mit der jungen Frau einverstanden. Der Staat, in dem wir leben, kümmert sich wesentlich mehr um sich selbst als um seine Bürger. Das ist widerwärtig. Aber die ehemals sowjetischen Menschen sind es gewohnt zu glauben, dass irgendjemand ihr Leben für sie verbessern muss. Und dabei war das Verhältnis zwischen dem Einzelnen und dem Staat schon immer ein Gegensatz. Der Staat ist unumgänglich notwendig, aber er hat auch die Eigenschaft, sich zum eigenen Nutzen endlos auszudehnen. Die Bürger müssen diese Wucherungen einschränken. Unsere Bürger, die man eher als Bewohner bezeichnen muss, kümmern sich wenig um sich selbst und überlassen dem Staat das, was sie selbst tun sollten. Sie sind sehr passiv. Sehr unselbstständig und ängstlich. Der Staat wiederum nimmt in dieser Situation seine Hauptfunktion als Garant einer gewissen sozialen Sicherheit nur schlecht wahr. Bis zu einem gewissen Grad sind wir aber eben selbst daran schuld.

Wie war dein Leben, als deine Kinder klein waren? Ich im komfortablen Westen mit seinen Pampers und Waschmaschinen und allen möglichen anderen Hilfsmitteln war sehr überfordert. Dein Leben muss aber noch viel schwerer gewesen sein, oder?

Es war sehr schwer. Aber irgendwie habe ich nie darüber nachgedacht. Erst jetzt, seitdem ich Enkel habe, sehe ich, wie viel leichter das Leben von Frauen mit Kindern in unserem Land geworden ist. Ich meine natürlich jene Klasse, die wirtschaftlich mehr oder weniger gut ausgestattet ist. Viele sind darin nicht meiner Meinung, aber ich rede von jenem Mittelstand, dem ich selbst angehöre. In meiner Jugend war ich bereit für alle möglichen Schwierigkeiten. Jetzt kann ich mich nur wundern, wie leicht, fröhlich und ausgefüllt wir in den 1960er und 1970er Jahren mit unseren kleinen Kindern lebten. Wir halfen uns zu überleben und gaben uns gegenseitig sehr viel. Die Schwere unseres Lebens wurde damals zum Teil durch jene wunderbaren Freundschaften kompensiert, die wir pflegten.

Meine inzwischen über neunzigjährige Mutter sagt mir seit Jahren, dass man die Enkelkinder viel mehr liebt als die Kinder. Die Enkel darf man verwöhnen, die Kinder musste man erziehen. Wie geht es dir mit deinen Enkelkindern?

Ich weiß nicht. Ich bin mir da nicht so ganz sicher. Ich habe das Gefühl, dass meine Beziehung zu meinen Kindern sehr viel tiefer ging als die zu meinen Enkeln. Ich sehe die Enkel aber auch nicht so häufig, meist nur zu den Feiertagen, wenn alle irgendwie fröhlich und glücklich sind. Und dann sind sie ja auch noch klein, zwischen einem und acht Jahren. Ich habe vier Enkel, zwei Buben und zwei Mädchen. Die intensivste Beziehung habe ich bisher zum ältesten Mädchen. Wir werden sehen. Aber Hand aufs Herz: Meine Kinder habe ich mehr geliebt – heftiger, verantwortungsvoller.

Ich betrachte meine Kinder immer noch als Kinder, obwohl sie erwachsen sind. Und ich frage mich immer öfter, wie ihr Leben später aussehen wird. Ich nehme an, du fragst dich das in Bezug auf deine Kinder und Enkelkinder auch. Hast du darauf eine Antwort?

In einem gewissen Sinn wird ihr Leben schlechter sein als das unsere. In meiner Jugend gab es freie Strände, menschenleere Buchten, riesige Wälder und Felder. Heute aber verdorrt die Natur unseres Landes – und eigentlich der ganzen Welt – unter der Last der Zivilisation. Es wird weniger reines Wasser und natürliche Lebensmittel geben, Strom, Tickets und Benzin werden teurer sein. Die Welt wird zu einer strengen Überwachung der Ressourcen übergehen, und zwar schon sehr bald. Auf der anderen Seite hoffe ich, dass sie sehr viel freier sein werden. Weil sie ohne Angst aufwachsen, ohne jene Angst, die meine Generation und die Generation unserer Eltern so bedrängt hat.

Ist Schreiben für dich auch Therapie? Eine Möglichkeit, der schrecklichen Realität etwas entgegenzusetzen?

Ich glaube, jede schriftliche Äußerung eines Menschen hat therapeutischen Charakter, sei es ein Brief, ein Tagebuch oder auch jede literarische Übung. Ich liebe meine Arbeit, das Schreiben gefällt mir, es erfüllt mich, aber ich muss auch zugeben, dass es eine ziemlich schwierige Angelegenheit ist. Im Übrigen muss ich gestehen, dass mir die heutige Zeit nicht sehr viel schrecklicher erscheint als jede andere. Und was mein eigenes Leben betrifft, so kann ich nur sagen, wir alle bauen uns genau das Leben auf, in dem wir eben auch existieren. Ich habe jedenfalls mein eigenes unabhängiges Territorium.

Du hast gesagt, du wolltest nicht über Politik sprechen – aber die ist doch überall im Leben, oder? Hast du dich in eine Art politikfreie Nische zurückgezogen?

Politik ist wie das Wetter. Manchmal ist sie sehr schlecht, aber wir können nichts dagegen tun. Meine Strategie lautet: fernhalten und nicht hineinziehen lassen. Aber das ist nur eine Strategie. In der Wirklichkeit geschieht es natürlich immer wieder, dass man Stellung beziehen muss, irgendwelche Briefe unterschreiben soll. Allerdings kann ich mich nicht erinnern, dass diese unsere schwachen Protestäußerungen je etwas bewirkt hätten. Heutzutage gehen die talentiertesten, klügsten und ehrlichsten Leute nicht in die Politik. Zumindest hier bei uns nicht. Und bei euch wohl auch nicht, so scheint es mir neuerdings. Vermutlich sind wir mit unserer geringen zivilen Aktivität selbst schuld daran, dass aggressive, ungebildete und gierige Leute an der Macht sind. Es gibt einen Spruch aus dem Evangelium: „Alle Macht kommt von Gott!" Aber einige Aspekte der Macht kommen offensichtlich vom Teufel.

Mich interessiert der Mensch, der einzelne, private Mensch. Aber die Landschaft, in der er lebt, ist nie frei von Politik. Dem trage ich immer Rechnung.

*

Sagt Ljudmila Ulitzkaja – und mehr will sie mir nicht sagen. Aber was sie sagt, ist das, was viele in Russland heute denken. Eine Art Dokument. Ein Puzzleteilchen. Ein wichtiges jedenfalls.

85

Alt und krank

Swetlanas zweiter Mann ist acht Jahre nach der Trennung gestorben. Elend zugrunde gegangen, sagt sie. Am Ende hat ihn der Sohn betreut, als der Krebs ihn schon so weit aufgefressen hatte, dass man nichts mehr für ihn tun konnte. Als die Ärzte ihn nach der Magenoperation nach Hause schickten, wohl wissend, dass er ganz allein lebte, und niemand sich kümmerte während der Chemotherapie. Als es mit ihm zu Ende ging, rief Swetlana in der Poliklinik, die für ihn zuständig war, um Hilfe an. Ein junger Arzt kam und beschimpfte sie und den Sohn, sie hätten den Kranken nicht gut betreut.

So sieht die medizinische Versorgung in Russland aus. Wer keine Verwandten hat, die die Pflege übernehmen können, geht elend zugrunde.

Das war zu Sowjetzeiten nicht anders. Damals kam noch der notorische Mangel an wirksamen Medikamenten hinzu. Ich erinnere mich, wie oft man auf allen möglichen und unmöglichen Wegen dringend benötigte Medikamente in die Sowjetunion schickte, um Schwerkranken zu helfen. Heute steht man immer noch in der Poliklinik Schlange, um die Medikamente verschrieben zu bekommen, die man braucht. Und wenn man es endlich bis zum Arzt – oder eher der Ärztin – geschafft hat, dann verschreibt der oder die oft Mittel, die nicht helfen. In den Apotheken wiederum bekommt man auf Krankenkassenrezepte häufig abgelaufene, minderwertige Medikamente ausgehändigt. Wer sicher sein will, tut gut daran, die notwendigen Heilmittel um viel Geld zu kaufen. Aber nicht jeder kann sich das leisten. Die Alten, die Pensionisten, die Familien mit vielen Kindern können es nicht. Und der Staat, der ständig von neuen

Sozialprogrammen spricht, tut nichts, um dieses Elend zu beseitigen.

Ein Freund mit Diabetes kann seinen Blutzucker nur jeden dritten Tag messen, weil seine Poliklinik mit der Verschreibung der nötigen Teststreifen so sparsam ist. Einer Freundin mit chronischer Bronchitis werden Medikamente verkauft, die längst abgelaufen und deshalb weitgehend wirkungsfrei sind. Und dann ist da noch der Umgang mit den Notrufen.

Als die Mutter einer Freundin einen Herzinfarkt erlitt, brauchte die Ambulanz eineinhalb Stunden, bis sie da war. Und weil die Frau achtundsechzig Jahre alt war, beeilte man sich im Spital auch nicht, sie zu behandeln. Sie starb kurz nach der Einlieferung. Wäre sie einundsiebzig gewesen, die Ambulanz wäre erst gar nicht gekommen. Wer alt ist in Russland, hat offenbar das Recht auf entsprechende medizinische Hilfe verwirkt.

Der Vater von Swetlanas Freundin ist über neunzig und bereits etwas verwirrt. Wenn er krank wird, kommt kein Arzt mehr zu ihm. In der Poliklinik sagt man der Tochter, sie solle ihm einfach die Medikamente weiter geben, die man ihm irgendwann verschrieben hat.

Krank und alt sein kann man sich in Russland nur leisten, wenn man sehr reich ist. Oder einen Arzt unter den eigenen Verwandten hat.

Alla Gerber

Der Holocaust-Fonds ist in einem kleinen Stadtpalais unweit des Kreml untergebracht. Die Räume sind eng und nicht besonders hell, das entspricht dem Stellenwert, den die Institution im heutigen Russland einnimmt. Aber es ist ohnehin erstaunlich, dass der Fonds in diesem Staat überhaupt existieren kann.

Ich bin immer wieder dort gewesen, um über Antisemitismus in Russland und den Umgang mit der Vergangenheit nachzufragen. Einmal ging es um ein neues Schulbuch, in dem russischen Kindern zum ersten Mal überhaupt die Tatsache nahegebracht werden sollte, dass Nazi-Deutschland bei seinem Feldzug gegen die Sowjetunion auch die systematische Vernichtung der Juden auf sowjetischem Territorium betrieb. Eine Tatsache, von der nicht einmal viele Erwachsene in Russland wissen – oder wissen wollen. Schließlich war und ist in der offiziellen Geschichtsschreibung immer nur von Sowjetbürgern als Opfern die Rede.

Eine Zeit lang war ich häufig Gast beim liberalen Radiosender „Echo Moskwy", zu Deutsch „Moskauer Echo". Einmal, als man mich wieder zu einer der unzähligen Diskussionssendungen eingeladen hatte, für die dieser Sender bekannt ist, hielt mich im langen Korridor, wo die Fotos aller Prominenten hängen, die schon einmal hier waren, eine junge Redakteurin auf. Es war kurz vor dem 9. Mai, dem Tag, an dem Russland den Sieg über Hitler-Deutschland feiert. Sie wollten in ihrem Sender an diesem 9. Mai verschiedene Menschen erzählen lassen, wie deren Familien den Krieg er- und überlebt hatten.

Ich sah die junge Frau an und dachte, dass die Zuhörer von der Geschichte meiner jüdischen Familie vielleicht doch nichts würden wissen wollen. Als ich dies aber vorsichtig anzudeuten versuchte, schüttelte sie eifrig den Kopf und sagte, wie interessant es doch für sie hier in Russland sei, zu erfahren, wie dieser schreckliche Krieg für Familien in Deutschland oder Österreich gewesen sei.

Da setzte ich mich also ins Studio und erzählte. Von meinem Großvater väterlicherseits, der bei einem deutschen Bombenangriff in Belgien am Straßenrand gestorben war. Von seiner Frau, meiner Großmutter Agnes, die man in einer Gaskammer in Auschwitz grausam hatte ersticken lassen. Und auch von den Eltern meiner Mutter, die im Viehwaggon nach Minsk verschleppt worden waren, um dort in einem Wäldchen direkt an der Bahntrasse erschossen zu werden. Als ich geendet hatte, sah ich auf. Hinter der Glasscheibe des Studios war es ungewöhnlich still. Vier oder fünf junge Leute standen da, mit offenem Mund. Eine solche Geschichte hatten sie noch nie gehört. Ich weiß bis heute nicht, ob sie meine Erzählung gesendet haben; wahrscheinlich nicht. Aber die offenen Münder meiner wenigen Zuhörer habe ich nie vergessen.

Immer, wenn ich wieder einmal mit Fragen zu diesem Thema konfrontiert war und jemanden suchte, der mir Antworten geben konnte, war sie da: Alla Gerber, ohne die der Holocaust-Fonds in Moskau vermutlich schon lange nicht mehr existieren würde. Denn der heutigen politischen Führung liegt ebenso wenig an der Erinnerung an die Shoah wie früher der sowjetischen.

Irgendwann sind wir Freundinnen geworden, ich und Alla, die eine Institution ist in Moskau. Manchmal eine sehr müde Institution. Manchmal auch eine, der man schmeicheln kann, was sie mir aber irgendwie noch näher brachte. Denn wer ist nicht anfällig für Schmeicheleien?

Als ich ihr von diesem Buch erzählte, zierte sie sich nicht lange. Und wieder trafen wir uns in ihrer Küche in Allas wunderschöner kleiner Wohnung. Sie liegt allerdings in einer Gegend, die sie nicht mag, nicht ganz im Zentrum, längs jener Ausfallstraße, die nach wie vor Leninprospekt heißt, unweit der pompösen Lomonossow-Universität, deren größter Verdienst es ist, dass man von ihrem Vorplatz aus einen fantastischen Blick über ganz Moskau hat. Allas wunderbare kleine Wohnung mit den vielen Erinnerungsstücken und Fotografien jedenfalls befindet sich in einem jener hohen Neubauten, die längs aller Moskauer Ausfallstraßen aufgereiht stehen und weder schön noch einladend sind. Andererseits liegt sie nicht so weit vom Zentrum entfernt, dass Alla sich isoliert vorkommen müsste.

Und doch. Für Alla ist die Gegend hier eine Zumutung. Sie ist nämlich mitten im Zentrum, an den Chistie Prudy, den „Reinen Teichen" also, aufgewachsen, einer wunderbaren alten Moskauer Umgebung, wenn auch in einer Gemeinschaftswohnung. Die war allerdings etwas komfortabler als andere, denn ihre Familie hatte das Privileg, in zwei Zimmern zu leben, also etwas mehr Platz zu haben als beispielsweise Swetlanas Familie.

Alla besitzt eine offene Küche, ganz ähnlich wie jene von Ljudmila Ulitzkaja. Und wieder gibt es zuerst Tee und Köstlichkeiten, bevor ich mit meinen Fragen beginnen kann. Wie bei Ljudmila ist die Küche zugleich das Wohnzimmer, fast wie eine Art Zitat aus früheren Zeiten: Seht her, wir sitzen immer noch in der Küche! Auch wenn das natürlich sowohl bei der Schriftstellerin als auch bei der Menschenrechtsaktivistin jetzt Luxusküchen sind, nicht vergleichbar mit jener meiner Freunde im damaligen Leningrad zum Beispiel, in der es neben einem primitiven Gasherd und einem klobigen alten Kühlschrank vor allem einen riesigen runden Holztisch gegeben hatte.

Wir sprechen über Allas Kindheit, über den Krieg. Alla ist 1936 geboren. Ihre Erinnerungen decken sich mit jenen von Swetlana. Sie erwähnt die Bomben, die Flucht in den Luftschutzkeller, die Geschichte, dass man einmal ein Baby, den kleinen Jurotschka, im Kinderwagen vergaß, als der Bombenalarm losging und alle in Panik losrannten.

Als sich die Front näherte, bestand ihr Vater darauf, dass sie und die Mutter Moskau verließen. Sollten die Deutschen Moskau einnehmen, würde es für Juden gefährlich werden, warnte er. Damals, als die Deutschen auf Moskau marschierten, wussten viele schon, was mit den Juden geschah, dort, wo die Nazis hinkamen. Viele wussten es, viele auch nicht, und manch einer wollte es einfach nicht glauben. Allas Vater glaubte es.

Allas Großmutter väterlicherseits starb im Ghetto von Odessa, gemeinsam mit ihren beiden erwachsenen Töchtern und deren Kindern. Die Ehemänner waren an der Front und fielen. Zwei von Tausenden Familien, die einfach ausgelöscht wurden.

Allas Großmutter mütterlicherseits stammte aus Kiew und arbeitete dort bei Kriegsbeginn als Köchin für Nikita Chruschtschow, der sie oft gebeten haben soll, ihm Gefilte Fisch zuzubereiten, erzählt Alla. Als die Front näher kam, habe er ihr einen großen Bus zur Verfügung gestellt, um sich und ihre große Familie in Sicherheit zu bringen. Denn da waren noch zwei Schwestern und viele Nichten und Neffen in Kiew. Und auch ein Bruder, ein eleganter junger Mann, der am Chemischen Institut der Berliner Universität studiert hatte. Bis zur Abfahrt des Zuges, zu dem sie der Bus bringen sollte, blieb nur noch wenig Zeit, der Bruder aber war nicht zu finden. Die Großmutter lief durch Kiew und sah ihn plötzlich seelenruhig auf einer Bank sitzen und Zeitung lesen. Als sie ihn fragte, ob er verrückt geworden sei, antwortete er: „Ihr seid verrückt. Jetzt haben wir endlich die Chance, uns von den Kommunisten zu befreien! Habt ihr vergessen, wie das war 1918? Die Einzigen, die damals keine Pogrome veranstaltet haben, waren die Deutschen. Die sind eine Kulturnation."

Die Großmutter konnte ihn nicht überreden. Und die Angehörigen der Kulturnation ermordeten ihn, seine Frau und seine beiden Kinder in Babi Jar.

Allas Vater ahnte also, was seinen Nächsten drohte, wenn sie nicht flüchteten, und tat alles, um sie aus Moskau wegzubringen. Jene Evakuierung, vor der Swetlanas Mutter und Großmutter so große Angst gehabt hatten, erschien dem jüdischen Familienvater, der keinen Kontakt mehr zu seinen Verwandten aufnehmen konnte, welche in den von den Nazis besetzten Territorien zurückgeblieben waren, als einzige Rettung. Und so fanden sich Alla und ihre Mutter in Taschkent wieder, der Hauptstadt Usbekistans, und blieben dort zweieinhalb Jahre lang. Taschkent ist in Allas Erinnerung voller Licht und Sonne und voller bunter Farben, obwohl sie am Anfang in einer Erdhütte mit gestampftem Lehmboden lebten, obwohl es im Winter bitterkalt war und sie sich an einem offenen Kohlefeuer wärmen mussten. Eines Abends vergaßen sie, das Feuer ordentlich zu löschen, und wären beinahe alle am Rauchgas erstickt. Das Kind Alla wachte auf und rettete die Familie; die Großmutter war schon bewusstlos. Gerade noch rechtzeitig konnten sie alle ins Freie kriechen und die Großmutter hinauszerren.

Überhaupt war die Lage der kleinen Familie in Taschkent nur wenig besser als jene von Swetlanas Familie im belagerten Moskau. Die Mutter war Lehrerin und bekam nur sehr magere Lebensmittelzuteilungen, die Großmutter arbeitete gar nicht. Allas Vater wiederum war bei Moskau zurückgeblieben, weil er als Ingenieur in einer kriegswichtigen Fabrik arbeitete, in der Katjuschas, die großen Raketenwerfer, hergestellt wurden. Als die materielle Situation der kleinen Familie im fernen Taschkent unerträglich zu werden begann, ging die Mutter als Arbeiterin in eine Fabrik. Zum Dank gab man ihr ein kleines Zimmer in einer Gemeinschaftswohnung. Dort lebten sie aber nicht nur zu dritt; mit ihnen zog auch die Frau von Allas Onkel ein. Der Bruder ihres Vaters war ein bekannter Moskauer Anwalt gewesen und saß zu dieser Zeit im Lager, wegen defätistischer Reden. Ein weiterer Bruder von Allas Vater war 1937 während des großen Terrors erschossen worden. Der vierte Bruder war an der Front. Eine typische Familiengeschichte für die Sowjetunion der dreißiger und vierziger Jahre.

Als sie aus Taschkent zurückkehrten, erlebte Alla, was Antisemitismus ist. Das einzige Mal in ihrem Leben, wie sie meint. Im Hof ihres Wohnhauses schrien ihr die anderen Kinder „Jüdin, Jüdin!" nach. Und sie, das Kind, verstand sehr wohl, dass das keine neutrale Aussage war, sondern eine Beschimpfung. Als sie weinend nach Hause lief, sagte ihr Vater, dass die anderen zwar dächten, sie hätten sie beleidigt, dass Jüdin zu sein aber nichts Beleidigendes an sich habe, ja etwas Schönes sei. Ebenso schön wie Russin oder Georgierin. Und Alla glaubte ihm.

September 1993. Um acht Uhr abends kündigt Jelzin im Fernsehen die Auflösung des alten sowjetischen Obersten Sowjets Russlands an. Eine halbe Stunde später sind mein Kamerateam und ich vor dem Weißen Haus an der Moskwa, wo das russische Parlament zu jenem Zeitpunkt noch seinen Sitz hat. Gruppen von Männern in dunklen Lederjacken stehen vor dem Gebäude herum. Ich mache Interviews, und ein Mann sagt ungeniert direkt in die Kamera: „Sie sind doch auch eine weiße Europäerin und wollen nicht unter den Juden leben."

So ist es für eine Jüdin in Moskau. Und trotzdem sagt Alla Gerber, dass sie eigentlich nie direkt antisemitischen Ausfällen ausgesetzt gewesen sei, sieht man von jener Episode in ihrer Kindheit ab. Vielleicht aber hat sie sie nur ausgeblendet, die vielen Male, wo die Juden für alles Unglück dieses Landes verantwortlich gemacht wurden. Ganz offen, auch von vielen Prominenten. Alla jedenfalls sagt, dass sie von jenem Moment in ihrer Kindheit an immer stolz war, Jüdin zu sein, und all jene nicht verstehen konnte, die das verheimlichten oder sich dafür schämten. Aber Alla ist eben auch eine sehr starke Frau.

Dabei gab es natürlich mehr als einen Vorfall in ihrem Leben. Aber erst im Gespräch holt sie diese Episoden, die sie irgendwo tief im Inneren vergraben hat, aus ihrem Gedächtnis hervor und breitet sie vor mir aus. Zum Beispiel die Buben, die in Taschkent laut skandierten: „Schlag die Juden, rette Russland!" Während in Auschwitz die Gaskammern arbeiteten und in Babi Jar die Vernichtungsmaschinerie lief, denke ich. Aber Allas Erfahrungen mit dem russischen Antisemitismus sind auch damit noch lange nicht zu Ende. In ihrem Haus in Moskau lebte ein deutscher Jude mit Sohn und Tochter. Die drei seien eines Tages geholt worden, man habe nie mehr etwas von ihnen gehört. Und weshalb einer von Allas Onkeln im Lager saß und der andere erschossen worden war, das waren Themen, über die man in der Familie nicht sprach. Daran erinnert sie sich jetzt.

Und trotzdem war sie am Ende gezwungen, sich ganz persönlich mit dieser Frage auseinanderzusetzen. Damals, als die Sowjetunion unter dem verwirrenden Titel „Kampf dem Kosmopolitismus" eine neue Judenverfolgung einleitete. Damals, als ihr Vater verhaftet wurde. Als Stalin befahl, die Juden vor Gericht zu stellen, zu inhaftieren, zumindest aber aus Moskau zu vertreiben. Ins tiefe Sibirien, wo man den sogenannten Autonomen Jüdischen Kreis Birobidschan gegründet hatte, in dem kaum Juden lebten und wo das Leben noch etwas härter war als im Rest des Landes. In jenem Jahr 1949, in dem die Sowjetunion – nach Auschwitz und vor dem Hintergrund von sechs Millionen ermordeten Juden – beschloss, ebenfalls eine „Lösung der Judenfrage" herbeizuführen. Damals, sagt Alla, als ihr Vater in Anwesenheit der Männer mit den leeren Augen in den langen schwarzen Ledermänteln, die gekommen waren, um ihn abzuholen, vor ihrer Mutter auf die Knie fiel und ihr versicherte, er habe nichts Böses getan.

Man hatte sich den richtigen Moment für die Verhaftung des jüdischen Ingenieurs ausgesucht: die Nacht vom 8. auf den 9. März. Der 8. März wurde in der Sowjetunion und wird im neuen Russland festlich begangen. Der internationale Tag der Frau, so sagen scharfzüngige russische Freundinnen, diene ja vor allem den Männern als Vorwand, sich zu betrinken. Allas Vater jedenfalls hatte die Mutter ins Theater ausgeführt, und danach hatten sie eine jener dick mit Buttercreme verzierten russischen Torten gekauft und zu Hause mit der vierzehnjährigen Tochter gefeiert. Am frühen Morgen dann erschienen die Häscher und stellten ihr Leben auf den Kopf.

Vor Kurzem hat Alla Einblick in die Akte ihres Vaters erhalten und festgestellt, dass er nach seiner Verhaftung drei Monate lang jede Aussage verweigerte. Nach drei Monaten aber begannen plötzlich die Geständnisse: „Ich habe antisowjetische Ideen verbreitet. Ich habe einer antisowjetischen internationalen zionistischen Organisation angehört. Ich war an einer Verschwörung gegen die Sowjetunion beteiligt." Jedes Mal wurde er gefragt, ob seine Frau etwas von diesen Aktivitäten gewusst habe, und jedes Mal antwortete er kategorisch: Meine Frau wusste von nichts.

Allas Mutter wurde nicht verhaftet. Das bedeutet, dass die Familie großes Glück hatte, vor allem Alla selbst, denn sonst wäre sie in einem Kinderheim für die Kinder von Volksfeinden und Vaterlandsverrätern gelandet und gequält worden, wie so viele andere ihrer Generation. Allas Vater aber liebte Mutter und Tochter abgöttisch. Die Untersuchungsrichter wussten das und benutzten diese Liebe, um ihn zu brechen. Und er war bereit, sich aller möglichen und unmöglichen Verbrechen zu bezichtigen, solange nur Frau und Tochter unbehelligt blieben. Später erzählte er ihnen, wie man ihm gedroht hatte, auch Frau und Tochter zu holen, und wie er deshalb seine Weigerung, irgendetwas zu unterschreiben, aufgab. Deshalb – und wegen der Folter. Nein, geprügelt wurde zu jener Zeit nicht mehr, sagt Alla, aber es gab andere Methoden. Den Eiskarzer zum Beispiel, eine ungeheizte Zelle; im russischen Winter durchaus als Folter zu bezeichnen. Krank wurde man dort; aber viel schlimmer war eine andere Methode, die Gefangenen zu quälen: Man ließ sie tagelang stehen und gab ihnen salzige Suppe zu essen. Und dann wurden sie irgendwann nachts zum Verhör geholt und auf dem Tisch des Untersuchungsrichters standen Gläser und Karaffen voll klaren Wassers. In Ohnmacht sei er dort gefallen, ihr Vater, erzählt Alla. Und auch, dass der Untersuchungsrichter in Anwesenheit des Vaters Allas Mutter anrief, freundlich mit ihr sprach und dem Vater den Hörer hinhielt, sodass er die Stimme seiner geliebten Frau hören konnte. Gleichzeitig aber wurde ihm der Mund fest zugehalten, damit er ihr nichts sagen konnte.

Die Drohung, dass man seine Frau und seine vierzehnjährige Tochter ebenfalls verhaften werde, ließ Allas Vater zusammenbrechen und alles unterschreiben, was man ihm vorlegte. Jedes Geständnis jeder noch so absurden Tat, die er nie im Leben begangen haben konnte. Einen Vorwand für die Verhaftung des Vaters habe es allerdings gegeben, erzählt Alla. Der Vater, der nie Kommunist gewesen sei, habe davon geträumt, nach Israel zu gehen. Nach der Gründung des jüdischen Staates habe er – etwas naiv und ahnungslos – einen Brief an das russische Außenministerium geschrieben, in dem er bat, ihn doch für die Beziehungen zu Israel einzusetzen. Er spreche Hebräisch und Englisch, könne also viel tun für die sowjetisch-israelische Freundschaft. Das hätte schon ausgereicht, um ihn verhaften zu lassen. Alla vermutet aber, dass es darüber hinaus auch eine Denunziation gegeben hat: durch einen Nachbarn, dem die beiden Zimmer von Allas Familie ins Auge gestochen seien. Der vorsichtige Vater Allas hatte ihm sogar eines der beiden Zimmer abgetreten, aber offenbar hatte das nicht ausgereicht, seinen Neid zu besänftigen.

Alla und ihre Mutter müssen trotzdem so etwas wie einen Schutzengel gehabt haben. Nach der Verhaftung des Vaters ging die Mutter kurz entschlossen zum Direktor der Schule, in der sie arbeitete, und erzählte ihm, was geschehen war. Statt sie aber von der Schule zu verweisen, weitete dieser daraufhin ihre Lehrverpflichtung aus – jetzt würde ja der kleinen Familie das Einkommen des Vaters fehlen – und sprach nicht weiter darüber. Die Mutter aber ging auch zur Direktorin von Allas Schule. Sie hätten sie gehasst, diese Direktorin, meint Alla. „Fischauge" hätten sie sie genannt. Doch diese gefürchtete und gehasste Direktorin verlor nie ein Wort darüber, dass in ihrer Schule die Tochter eines „zionistischen, kosmopolitischen, antisowjetischen Verräters" saß. Alla konnte weiter lernen wie alle anderen.

Sie sei keine glühende Komsomolzin gewesen, sagt Alla. Aber sie habe einmal sogar den geliebten Vater scharf zurechtgewiesen, als der etwas Kritisches über Stalin sagte. So sei das damals eben gewesen. In der Schule habe man sie indoktriniert, mit Erfolg offenbar. Als Stalin begraben wurde, wollten Alla und ihre Freundinnen dabei sein, wie Hunderttausende andere Sowjetbürger. In Moskau herrschte der Ausnahmezustand, bis heute weiß man nicht genau, wie viele Menschen in der Hysterie dieses Tages im Frühjahr 1953 erdrückt oder zu Tode getrampelt wurden. Alla jedenfalls erzählt, dass sie damals fast ums Leben gekommen wäre. Die Menschenmassen zogen die Mädchen einfach mit, und an einer Stelle gerieten sie unter einen geparkten Lastwagen und wären in dem Gedränge beinahe erstickt. Im letzten Moment gelang es ihnen, sich aus der Masse zu befreien. Sie hatten sich so fest an den Händen gehalten, dass sie bluteten. Aber sie hatten sich nicht verloren, und es war ihnen gelungen, sich zu befreien und nach Hause zu laufen. Von jenem denkwürdigen Tag ist Alla die Angst vor großen Menschenmengen geblieben.

Als Alla der Mutter erzählte, was sie erlebt hatte, wurde die weiß im Gesicht und sagte: „Dein Vater sitzt im Lager, und du gehst da hin, um umzukommen? Für den?" Man habe sich einfach nicht vorstellen können, wie das Land ohne Stalin weiterexistieren werde, meint Alla. Nicht einmal sie, deren Vater und Onkel völlig unschuldig eingesperrt waren, die nie eine aktive Komsomolzin gewesen war. Aber auch sie konnte sich der Hysterie, die bei Stalins Tod das gesamte Land ergriff, nicht entziehen. Heute kann sie sich das nicht mehr erklären. Sie, die zu Hause nie ein gutes Wort über Stalin gehört hatte, hatte damals das Gefühl, sie müsse einfach zu diesem Begräbnis gehen, müsse sich von ihm verabschieden. Als sie mit mir darüber spricht, meint sie, das habe nichts mit Neugier zu tun gehabt. Aber das beunruhige sie heute noch sehr: die Erkenntnis nämlich, wie leicht Menschen manipuliert werden können. Auch sie selbst.

Erst im Institut habe sie gegen dieses organisierte Leben rebelliert, habe geraucht und Rock 'n' Roll getanzt und damit zu zeigen versucht, dass sie anders war als die anderen. Aber gerade mit Allas Eintritt in die Universität verbindet sich eine weitere Episode, die sie in einer fest verschlossenen Gedächtnisschublade verborgen hält.

Alla wollte Journalistin werden. Als sie nun mit knapp sechzehn Jahren so wie alle sowjetischen Kinder die Schule beendet hatte, ging sie zur Journalistenfakultät, um sich einzuschreiben. Doch die Sekretärin dort sagte ihr ganz freundlich: „Vergeuden Sie nicht Ihre Zeit." Alla, die schon begriffen hatte, dass sie als Jüdin an der Journalistenfakultät wohl nicht aufgenommen werden würde, stellte sich dumm und fragte, was die Frau denn meine. Die redete erst herum und sagte dann doch rundheraus: „Sie sind doch Jüdin? Kann gut sein, dass man Sie nicht nimmt. Ich rate Ihnen einfach, hier nicht Ihre Zeit zu vergeuden. Und überhaupt ist es sinnlos für Sie, zu versuchen, auf der Universität aufgenommen zu werden." Denn in der Sowjetunion nach dem entsetzlichen Krieg sollten Juden nicht an die Universität gehen, keine höhere Bildung erhalten. So wollte es der große Vater aller Sowjetbürger, und so wollten es seine Mitstreiter bis hinunter zum letzten kleinen Beamten. Der Hass auf die Juden war ihnen gemeinsam, auch wenn sie noch so unterschiedlich denken mochten.

Alla wandte sich daraufhin an das Juridische Institut, das damals nicht zur Universität gehörte, weshalb alle Juden hier landeten, denen man den Besuch der Universität verweigert hatte. Allas Irrweg durch das sowjetische Erziehungssystem war damit aber noch nicht zu Ende. In dem Fragebogen, den es beim Eintritt in das Institut auszufüllen galt, schrieb sie wahrheitsgemäß, wo Vater und Mutter gearbeitet hatten. Sie erwähnt nicht, dass der Vater im Lager saß. Nach einem Jahr wurden die Angaben überprüft, und man fand heraus, dass Alla die Tochter eines Häftlings sei. Bei einer Komsomol-Versammlung wurde sie öffentlich an den Pranger gestellt. Sie sei eine Lügnerin, Tochter eines Verbrechers und Volksfeindes, sagte einer nach dem anderen, und Alla saß da und musste das alles über sich ergehen lassen. Einer allerdings stand auf und sagte: „Seit wann machen wir die Kinder für die Taten der Väter verantwortlich?" Aber das half nicht viel. Der Beschluss, Alla aus dem Komsomol auszuschließen, fiel fast einstimmig. Stalin war da schon tot, aber viel hatte sein Tod offenbar noch nicht verändert. Alla verließ das Gebäude und warf ihr Komsomol-Mitgliedsbuch in einen Schneehaufen neben dem Eingang. Daran erinnert sie sich genau. Interessanterweise hatte man ihr das Buch nicht abgenommen und sie auch nicht aus dem Institut ausgeschlossen, wie das früher sofort der Fall gewesen wäre. Vielleicht hatten sich die Sitten ja doch schon etwas gelockert? Jedenfalls konnte sie trotz allem, was noch wenige Wochen davor das endgültige Ende sämtlicher Träume von einem halbwegs interessanten Berufsleben bedeutet hätte, ihre Ausbildung beenden.

Aber dann erhielt sie keinen Arbeitsplatz, eine gefährliche Situation in der Sowjetunion, in der man schnell zum asozialen Element wurde und Gefahr lief, verhaftet zu werden, wenn man keine Beschäftigung nachweisen konnte. Und die bekam man eben zugeteilt. Junge Leute wurden ohne Rücksicht auf Vorlieben oder familiäre Situation über das ganze Riesenland zerstreut. Das blieb Alla zwar erspart, aber sie musste nun sehen, wie sie sich irgendwie ihren Lebensunterhalt verdiente, mit jeder Art von Gelegenheitsjobs. Zum Beispiel führte sie Kolchosbauern aus der Ukraine in der berühmten Landwirtschaftsausstellung in Moskau herum. Die sagten ganz freundlich zu ihr: „Alletschka, du bist zwar eine Jüdin, aber trotzdem sehr nett." Und sie baten sie, ihnen doch lieber die großen Moskauer Kaufhäuser zu zeigen und nicht nur die Landwirtschaftsausstellung. Einer von ihnen schickte Alla noch jahrelang immer wieder Kisten voller Äpfel aus seiner Kolchose. Obwohl sie doch Jüdin war.

Während sie sich mit derlei Arbeiten durchschlug, begann sie als Journalistin zu arbeiten. Stalin war ja tot, also druckte der „Moskowski Komsomolez", jene Zeitung, die damals noch ernst zu nehmen war, immer wieder Artikel von Alla Gerber. Ihr Vater war inzwischen immer noch in Haft, bis zum Jahr 1957. Erst vier Jahre nach Stalins Tod konnte er zur Familie zurückkehren, rehabilitiert als eines der vielen unschuldigen Opfer jenes Terrorregimes, doch gebrochen durch die Zeit im Lager.

Erst nach dem Zerfall der Sowjetunion hat Alla den Holocaust-Fonds gegründet, denn bis zum Ende des Imperiums konnte man im Vaterland des Sozialismus über den Massenmord an den Juden nicht sprechen. Alla sagt, sie habe mehrere Menschen getroffen, die erst da gestanden, Juden gerettet zu haben, die das aber nicht laut zu sagen wagten, weil sie Angst hatten, dafür ins Gefängnis geworfen zu werden.

Der Holocaust-Fonds, sagt Alla, diene der Erinnerung und der Warnung. Viel könne sie nicht tun, aber sie habe zum Beispiel ein Programm entwickelt, mit dem sie durch die Moskauer Schulen zieht, ein Programm gemeinsam mit dem Moskauer Jüdischen Chor. Er hat zwar kaum jüdische Mitglieder, singt aber jüdische Lieder, und das wunderbar. Nachdem Alla mit ihrem Programm aus Erzählung und Gesang in einigen Schulen aufgetreten war, gab es eine Denunziation beim Unterrichtsministerium: Alla Gerber ziehe mit einem jüdischen Chor durch die russischen Schulen und verbreite zionistisches Gedankengut.

„Jetzt?", frage ich. „Im 21. Jahrhundert?"

„Jetzt", sagt Alla. Aber man hat sie nicht angerührt. Lässt sie weitermachen, da sie in sämtlichen Gremien dessen sitzt, was man in Russland als Zivilgesellschaft bezeichnet – auch wenn es diese in Wahrheit gar nicht gibt. Alla ist eine von jenen, die das genau wissen, doch sie hat eine Mission, und um dieser Mission willen lässt sie auch nichts unversucht, um mit den Mächtigen im Gespräch zu bleiben. Und das gelingt ihr auch.

Einen Augenblick der Hoffnung hat es gegeben, damals, als Gorbatschow Glasnost und Perestrojka ausrief. Damals, als eine faschistische Gruppierung namens „Pamjat", zu Deutsch „Gedächtnis", eine Versammlung kritischer Schriftsteller stürmte und einer zu Alla sagte: „Dich Jüdin werden wir in deinem eigenen Bett töten!" Damals, als Alla und ihre Freunde die Angreifer aus jener Gruppe, die längst schlimmeren Gruppierungen gleicher Orientierung Platz gemacht hat, gegen alle Widerstände vor Gericht brachten. Damals, als es noch einen Richter gab, der bereit war, die Angreifer zu einem Jahr Gefängnis zu verurteilen – und am Tag nach dem Urteil seines Amtes enthoben wurde.

Damals, sagt Alla, hatte es noch Sinn, zu kämpfen. Damals machte sie sich einen Namen als Antifaschistin und wurde sogar ins russische Parlament gewählt. Damals hätte sie nicht geglaubt, dass so vieles aus dem alten Leben wiederkehren würde. Damals glaubte man, dass es nur vorwärts gehen könnte mit diesem Land, das alle so lieben und an dem alle so leiden.

Und heute?

Es hat nie aufgehört, sagt Alla mit resigniertem Schulterzucken. Heute verprügelt man die Kaukasier, „die uns überschwemmen". Und die Juden, „die unser Blut trinken".

Russische Seele 3

Ein Baum,
ein Wald.
Ein Berg,
ein Tal.
Ein Dach,
ein Haus.
Ein Wort,
kein Klang.

Ich habe sie gesucht
und hab' gefunden:
Herzen,
weit wie die Welt
und klein wie Kiesel.
Leiden ohne Maßen.
Freude
im Verborgenen.
Wärme in der Nähe.
Mutlose und Mutvolle.
Hoffnung –
eine unbekannte Größe.
Zukunft –
eine gefährliche Drohung.

Tanja, die Leinenverkäuferin

Sie ist mein Fixpunkt auf jenem Markt, den jeder mindestens einmal besuchen muss, der Moskau kennenlernen will: auf dem Markt des organisierten Souvenirhandels. Nirgendwo gibt es so viele Matrjoschkas, Holzfiguren, so viel alten sowjetischen Weihnachtsbaumschmuck und neue, aber trotzdem sehr sowjetische Uhren, Flachmänner und Feuerzeuge. Die sowjetische Symbolik auf Gebrauchsgegenständen ist längst zur Mode geworden, auch wenn man auf Teilen dieses Marktes tatsächlich alte Gegenstände findet, kleine Kostbarkeiten, die in irgendwelchen Kellern die Zeiten überdauert haben.

Tanja allerdings findet man nicht in jener Ecke, wo die Leute die Habseligkeiten ihrer Vorfahren auf dem Boden ausbreiten. Tanja steht im vorderen Teil des Marktes und bietet ihre wunderbaren Leinentisch- und Geschirrtücher an, von denen ich bei vielen Besuchen immer wieder das eine oder andere erstanden habe. Sie ist eine große, kräftige Frau mit einem runden, wunderbar glatten, jungen Gesicht, dem man ihre sechzig Jahre nicht ansieht, und stets lachenden Augen. Nie habe ich sie ohne Kopftuch gesehen, wie es russische Bäuerinnen bei der Arbeit tragen: hinten zusammengebunden, damit die Haare nicht ins Gesicht fallen. Tanja trägt immer ein solches Tuch, auch im Sommer, vor allem aber im Winter, wenn sie viele Schichten an Kleidung übereinander anzieht, um nicht zu frieren, dort auf dem Markt in ihrem hölzernen Stand, der nur wenig Schutz bietet vor dem eisigen Wind.

Angefreundet haben wir uns eines Tages, als ich mir wieder einmal ein Paar Korallenohrringe gekauft hatte. In Ismailowo, jenem Markt, von dem ich immer behaupte, dass er in Moskau mein zweites Wohnzimmer ist, gibt es nämlich auch Schmuck.

Nicht nur alte, fein ziselierte Broschen, Ringe und Ohrringe aus billigem Blech und mit Glassteinen, an denen ich nie vorbeigehen kann, sondern auch neuen Silberschmuck mit Bernstein in Grün, Gelb oder Braun und viele, viele Schmuckstücke mit Korallen. Vieles kommt aus dem ehemals sowjetischen Zentralasien, manches wird auch in Russland hergestellt. Viele dieser Schmuckstücke sind inzwischen sehr teuer geworden, aber nicht alle.

An dem Tag, als Tanja und ich Freundinnen wurden, hatte ich ein neues Paar kleiner, blümchenförmiger Ohrringe mit kräftig roten Korallen darin entdeckt und gekauft und trug gleichzeitig große Kugeln aus Schaumkoralle an den Ohren. So wie immer blieb ich am Rückweg bei Tanjas Stand stehen, um ihre bunten Leinentücher zu bewundern. Tanja sah meinen Ohrschmuck und brach in Entzückensschreie aus. Warum ich es getan habe, weiß ich bis heute nicht, damals aber erschien es mir ganz logisch: Als ich Tanja so laut und begeistert über meine großen Schaumkorallenkugeln reden hörte, nahm ich sie einfach ab und schenkte sie ihr. Sie war genauso verblüfft wie ich selbst. Seither habe ich sie nie ohne diesen Schmuck gesehen, und wenn ich bei ihrem Stand vorbeikomme, schenkt sie mir Hautcremes, die nach Honig duften und von denen sie behauptet, sie würden mir die ewige Jugend bescheren. Und immer küsst mich Tanja.

Nur deshalb habe ich es auch gewagt, sie eines Tages nach ihrer Lebensgeschichte zu fragen. In Ismailowo tut man das eigentlich nicht. Jeder, der dort arbeitet, glaubt, dass er etwas zu verbergen habe. Die Regeln auf dem Markt sind streng, der Preis für die Standmiete sehr hoch, und wenn man so wie Tanja für jemand anderen bei jedem Wetter an dem Holzstand steht und Leinen feilbietet, hat man meist noch mehr Grund, sich nicht allzu eingehend mit Fremden abzugeben. Für mich aber machte Tanja eine Ausnahme.

Sie wurde kurz nach dem Krieg in einer Kolchose nicht weit von Moskau in eine große Bauernfamilie hineingeboren. Fünf Kinder waren sie, erzählt Tanja, und sie hätten sehr ärmlich gelebt. Es war ein großes Dorf; im Krieg waren viele Männer und Burschen aus der Kolchose gefallen oder danach als Invaliden zurückgekehrt. Ihr Vater aber kam heil wieder – eine Seltenheit und ein großes Glück. Glück hatte die Familie auch noch in anderer Hinsicht. Sie lebten nicht in einem jener nach dem Krieg schnell hochgezogenen Wohnhäuser, die so typisch sind für die sowjetischen Kolchosen, sondern in einem eigenen kleinen Bauernhaus, hatten also einen Gemüsegarten, Geflügel, eine Kuh, und die Mutter hielt sogar Ferkel. Während des Krieges, als der Vater an der Front war, hungerten sie und die drei Söhne, die da schon auf der Welt waren. Nur die Milch ihrer Kuh habe Mutter und Kinder vor dem Hungertod gerettet, sagt Tanja, und deshalb habe die Mutter nach dem Krieg nie wieder Milch angerührt.

Tanja war das einzige Mädchen in der Großfamilie, das erste Friedenskind, und angeblich nur auf der Welt, weil die Mutter krank wurde. Als der Krieg schon vorbei, die Zeiten aber nach wie vor hart waren, habe sich die Mutter eines Tages schwer erkältet; die Ärzte hätten festgestellt, dass sie Gefahr laufe, an Tuberkulose zu erkranken. Einer der Ärzte habe der Mutter gesagt, sie solle noch ein Kind bekommen, das werde sie gesund machen. So kamen Tanja und nach ihr noch ein Bruder auf die Welt – und die Mutter wurde wieder gesund. Sagt Tanja. Die überhaupt gerne an solch kleine alltägliche Wunder glaubt. Wie an die Erhaltung der ewigen Jugend durch die nach Honig duftende Creme. Vielleicht hat die Mutter aber auch nur in der Schwangerschaft doch wieder Milch zu sich genommen und ist deshalb wieder gesund geworden? Besonders geschont wurde sie sicher nicht, das war nicht üblich auf dem Dorf, Kolchose hin oder her.

Die Schule, die Tanja besuchte, hatte ihre eigene Geschichte. Sie stand direkt neben der Kirche des Dorfes, die natürlich nicht in Funktion war, sondern vermutlich als Lagerhalle oder Versammlungsort diente. Es war die alte Pfarrschule, die schon vor der Revolution in dem großen Dorf existiert hatte. Vier Klassen lang gingen die Kinder aus der Kolchose in diese Schule; ab der fünften mussten sie fünf Kilometer zu Fuß ins Nachbardorf in die dortige Schule. Tanja erinnert sich vor allem an die Winter. Wie sie da marschierten, fünfzehn Kinder aus der Kolchose, durch Schneewehen und übers Eis, sich irgendwie gegen den durchdringenden Winterwind stemmend, und dabei waren sie doch noch so klein. Die Eltern aber, die selbst nie etwas gelernt hatten, bestanden darauf, dass die Kinder die Zehn-Klassen-Schule absolvierten. Eine Ausbildung sollten sie erhalten, denn hier im Dorf seien die Leute alle dumpf, aber dort in Moskau, dort lebten Menschen mit Bildung, und das sollten die vier Buben und Tanja ebenfalls anstreben.

Tanja beendete also die Schule und wollte dann eine Ausbildung machen. Die Arbeit in der Kolchose war schwer und ließ wenige Möglichkeiten offen. Das wussten Tanjas Eltern, das wusste auch Tanja. Also fuhr sie Tag für Tag mit dem Vorortezug nach Moskau, arbeitete tagsüber in der Berufsschule und lernte abends die Schneiderei, um am Ende selbst in dieser Schule zu unterrichten. Bis sie heiratete. Aber das war später. Zunächst musste Tanja, das Mädchen vom Dorf, in die Moskauer Berufsschule aufgenommen werden. Ein schwieriges Unterfangen. In Moskau konnte man sich Nachhilfe besorgen, auf dem Dorf war schon aus finanziellen Gründen nicht daran zu denken. Tanja aber schaffte es – weil sie einen besonders harten Schädel habe, meint sie lachend.

Als sie ihre Ausbildung abgeschlossen hatte, heiratete sie, wie es sich gehörte in der Sowjetunion der siebziger Jahre, und bekam bald einen Sohn. Der war kränklich und brauchte Betreuung. Hilfe hatte das junge Paar keine, die Verwandten lebten ja auf dem Dorf. Also sagte Tanjas Mann, er werde sich eine zweite Arbeit suchen, Tanja aber solle daheim bleiben und das Kind betreuen. Und das tat sie dann auch, zehn Jahre lang. Als der Sohn groß genug war, hatten gerade die Umbruchzeiten begonnen. Und Tanja erlebte wieder einmal eines ihrer kleinen Wunder. Damals starb ihr Vater, den sie sehr liebte, der sie, das einzige Mädchen unter lauter Buben, wohl auch besonders verwöhnt hatte. Der Tod des Vaters stürzte sie deshalb in tiefe Verzweiflung. Eines Tages fuhr sie nach Sergijew Possad, das zu Sowjetzeiten Sagorsk hieß und das bedeutendste Kloster Russlands beherbergt. In Sergijew Possad befinden sich die Reliquien von Sergej Radoneschski, einem der wichtigsten Heiligen der russisch-orthodoxen Kirche. An ihn wandte sich Tanja in ihrer Trauer um den geliebten Vater mit der Bitte, ihr ihre Seelenruhe zurückzugeben. Und der Heilige tat, worum sie ihn bat. So erzählt es Tanja.

Nachdem sie lange gebetet hatte, ging sie ins neben dem Kloster gelegene Spielzeugmuseum, wo ein Freund als Kunsthistoriker arbeitete. An das Museum habe ich wunderbare Erinnerungen. Was man hier zu sehen bekommt, hat nur sehr vage mit Spielzeug zu tun; es sind Matrjoschkas und andere Werke echter Volkskunst: Kleine Holzschlitten mit Pferd und Kutscher, feine Damen in ihrer der jeweiligen Epoche entsprechenden Kleidung und viele verschiedene Puppen aus allen Teilen Russlands in der jeweiligen Tracht kann man dort bewundern. Rund um das Museum haben sich viele Kunsthandwerker angesiedelt, die ihre ganz eigene Art von Spielzeug erzeugen.

Tanja jedenfalls sah die vielen Trachtenpuppen in ihren Kostümen und dachte, solche könnte sie auch selbst nähen. Als sie nach Hause kam, setzte sie sich an den Tisch und begann aus dem Gedächtnis die prachtvollen Kleider nachzuzeichnen, die langen Röcke mit der reichen Stickerei am Saum, mit den schmalen, ebenfalls üppig bestickten Schürzen und den Blusen mit den langen, bauschigen Ärmeln. Dazu den jeweils passenden Kopfschmuck, der die traditionellen russischen Trachten auszeichnet. Und so gewann sie tatsächlich ihre Seelenruhe wieder, meint sie. Bis heute ist sie überzeugt, dass Sergej Radoneschski sie auf diesen Weg geführt hat.

Tanja verlegte sich also aufs Puppenmachen, und es gelang ihr ausgezeichnet. Als ihr Freund, der Kunsthistoriker, sie eines Tages besuchte und ihre Puppen sah, war er so begeistert, dass er sie bat, ihm eine für sein Museum zu schenken. Tanjas Mann aber sah andere Möglichkeiten. Ismailowo war damals schon ein Markt, wo vor allem in Moskau lebende Ausländer gerne ihre Andenken erstanden. Hier, so fand Tanjas Mann, mussten sich die Puppen seiner Frau doch gut verkaufen lassen. So wurde sie Marktfrau. Und als ihr Mann schwer krank wurde, erhielt sie mit ihren Puppen sechs Jahre lang die Familie. Tanjas Sohn ist übrigens Künstler, sagt sie. Was genau er macht, habe ich nicht herausgefunden; Tanja sagt nur, er zeichne. Ihre Mutter sei zwar eine einfache Bäuerin gewesen, habe aber einen sehr guten Geschmack gehabt, ein Gefühl für Farben. Von ihr hätten wohl sie und der Enkel die künstlerische Ader geerbt.

Mich aber interessiert eine ganz andere Geschichte. Woher hat Tanja, das Kind aus der atheistischen Kolchose, in der die Kirche als Lagerhalle diente, ihren Glauben an Wunder? Überhaupt ihren Glauben?

Tanja holt weit aus, um auf meine Frage zu antworten. Ihr Großvater habe vor der Revolution dreißig Jahre lang im Kirchenchor gesungen, erzählt sie. Nach der Revolution sei die Kirche geschlossen worden, der Großvater gestorben. Aber die Verbundenheit mit der Religion habe sich weitervererbt an die Enkel, sei irgendwie eine Art Anlage in ihrer Familie. Dabei hätten sie nie über Religion gesprochen. „Ach, du weißt doch, damals hingen alle einer ganz anderen Religion an", sagt Tanja und lacht schelmisch. Nur einmal habe die Mutter zu ihr gesagt: „Heute ist ein ganz großer Feiertag, es ist Pfingsten." Tanja habe gefragt, was das denn sei, Pfingsten; die Mutter habe nicht weiter geantwortet, nur wiederholt, dass es ein großer Feiertag sei.

Tanja, das Mädchen aus der Kolchose, war damals dreizehn Jahre alt. In der Nähe des Dorfes stand eine Kirche, in der offenbar noch Gottesdienste abgehalten wurden. Tanja jedenfalls erinnert sich an die goldenen Kuppeln, die sie angelacht hätten. An dem Tag, als die Mutter von Pfingsten sprach, band Tanja sich eines ihrer bunten Kopftücher um und ging zu jener Kirche mit den goldenen Kuppeln. Niemand erzählte ihr etwas über die Religion, und sie behielt ihre Kirchenbesuche für sich, auch als sie – wie alle – bei den jungen Pionieren aufgenommen wurde. Sie habe sich die prachtvollen Kirchen angesehen und bei sich gedacht, wenn man ihm solch wunderbare Bauwerke widme, dann müsse Jesus das wohl wert sein. So sei sie zu ihrem Glauben gekommen.

Seit zwanzig Jahren arbeitet sie jetzt auf dem Souvenirmarkt. Zuerst verkaufte sie ihre selbst genähten Puppen, damals, in den neunziger Jahren des 20. Jahrhunderts, als die Fabriken zusperrten und ihre Ausbildung nichts mehr wert war. Dann aber wurden ihre Augen immer schlechter, und sie konnte die kleinen Teile nicht mehr sehen, die es brauchte, um eine schöne Puppe herzustellen. Also begann sie für andere Leinen zu verkaufen, jenes wunderbare russische Leinen, dessen Qualität in Moskau besonders geschätzt wird.

Ich erinnere mich an eine Verkäuferin im berühmten GUM, dem Großkaufhaus am Roten Platz. Sie war eine der Letzten, die noch nicht den internationalen Markenboutiquen gewichen waren, welche sich damals schon im GUM breitmachten. Als ich ihre ausgelegte Ware bewunderte, sagte sie mit einer etwas wegwerfenden Geste, die ihren Stolz aber kaum verbergen konnte: „Leinen, das ist eben Leinen." Etwas Besseres, sagte ihr Blick gleichzeitig, wirst du nirgends finden.

Zwanzig Jahre also bei jedem Wetter, bei Hitze und Kälte auf dem Markt. Tanja liebt es, vor allem die vielen Menschen zu sehen, die vorbeikommen, mit denen sie sprechen kann, die manchmal Geschichten aus anderen Welten erzählen. Eigentlich könnte sie die Arbeit hier längst aufgeben. Sie bekomme jetzt schon eine Rente und es gehe ihr nichts ab. Aber sie kommt nach wie vor hierher und preist ihr Leinen an. Allerdings nur am Samstag und Sonntag. Während der Woche verirrt sich ja auch kaum jemand auf den Souvenirmarkt. Früher, sagt sie, hätten hier vor allem ältere Leute ihre Ware angeboten, damals, als die Fabriken zusperrten und die Arbeitslosigkeit groß war. Die Alten kämen jetzt seltener, erhielten wohl auch ihre Renten, wenn die auch winzig seien. Jetzt arbeiteten hier Junge, die keine Arbeit finden könnten – und viele Ausländer. Zugereiste, aus der Ukraine oder Daghestan. Weil es dort mit den Arbeitsplätzen noch schlechter sei als hier in Moskau.

Sie sei zufrieden mit ihrem Leben, sagt Tanja, bevor sie aufsteht, um vor einer jungen Amerikanerin ein großes weißes Leinentischtuch mit zarter Stickerei auszubreiten. Wenn nur alles friedlich bliebe, wenn es nur keinen neuen Krieg gäbe. Sagt Tanja aus der Kolchose und verhandelt dann sehr gekonnt über Dollar und Rubel und den Preis für ein zweites Tischtuch.

Komunalka

Tanja ist in einem Häuschen aufgewachsen, ein besonderes Glück. Aber das war auf dem Land. In der Stadt verlief das Leben ganz anders.

Als ich in der Stadt studierte, die damals noch Leningrad hieß und als die schönste Stadt Russlands gilt – obwohl Moskau sie an Lebendigkeit und Attraktivität schon lange weit übertrifft –, als ich also im heutigen St. Petersburg studierte, feierten wir die Inbesitznahme einer winzigen Zweizimmerwohnung in einem scheußlichen Neubauviertel am Rande der Stadt durch zwei meiner Freunde. Als Einzige würden sie künftig ganz allein über eine Küche und ein Bad verfügen. Alle anderen lebten wie die Mehrheit der Bewohner Leningrads in jenen fernen siebziger Jahren des 20. Jahrhunderts in Komunalkas, in Gemeinschaftswohnungen. Wer etwas privilegierter war, wie zum Beispiel Alla Gerber und ihre Familie eine kurze Zeit, verfügte über mehrere Zimmer in der Gemeinschaftswohnung. Aber das waren nur wenige. Und es war ganz egal, ob man der Sohn des berühmten Dichters Konstantin Simonow war oder die Tochter einer armen Kleinbürgerfamilie, wie Swetlana: Viele Generationen von Sowjetbürgern haben zumindest ihre ersten Lebensjahre in solchen Komunalkas verbracht.

Meine liebsten Freunde in Leningrad, Lena und Petja, lebten als junges Paar in einer solchen Gemeinschaftswohnung im Herzen der Stadt, in einem relativ geräumigen Zimmer. Auch als Lena schon schwanger war, auch als ihr Sohn auf die Welt kam. Im Korridor standen Fahrräder und Kinderwagen herum, in der Küche gab es mehrere Herde, was ein Luxus war, und im Kühlschrank hatte jeder sein Fach. Wehe, wenn sich einer an den Lebensmitteln der anderen vergriff! Und natürlich wurde ständig gestritten. Darum, wer wann das Badezimmer benutzen durfte, und darum, wer die anderen mit dem geruchsintensiven stundenlangen Braten von Zwiebeln und Fisch zur Verzweiflung brachte. Vor allem aber stritt man darum, wer, wann und warum nicht die Gemeinschaftsräume gesäubert, sich nicht an den Putzplan gehalten hatte.

Eine kurze Zeit in meinem Leben habe ich in einer Wohngemeinschaft gelebt, in Rom, mit jedem Luxus, den man sich wünschen konnte, Waschmaschine eingeschlossen. Und trotzdem waren die täglichen Reibereien um die banalsten Dinge des Alltags zermürbend und alle froh, als die Wohngemeinschaft auseinanderging. Danach waren wir wieder gute Freunde, als wir nicht mehr miteinander lebten. Aber wir hatten uns diese Lebensform ja freiwillig ausgesucht und ebenso die Mitbewohner. In der Sowjetunion konnte man weder das eine noch das andere. Im Übrigen war das, bevor ich das wirkliche Wesen der Komunalkas in Leningrad aus nächster Nähe kennenlernte, bei meinen Freunden Lena und Petja, die versuchten, sich so weit wie möglich aus den Querelen des erzwungenen Zusammenlebens herauszuhalten. Nicht immer gelang es ihnen. Und da sie Juden waren, fielen auch regelmäßig antisemitische Bemerkungen. Sie sahen darüber hinweg; eine andere Wohnmöglichkeit gab es für sie in jener Zeit nicht.

Und trotzdem übernachteten wir immer wieder bei ihnen in ihrem großen Zimmer in der Komunalka, auf einer Matratze, die tagsüber zusammengerollt auf dem Kasten thronte. Weil es nachts gar nicht so einfach war, ins Studentenheim zurückzugelangen, vor allem solange die Brücken über die Newa um Mitternacht hochgezogen wurden, um die Hochseeschiffe in den Stadthafen hineinzulassen. Solange der Fluss nicht zugefroren war. Heute kann ich mir nicht mehr erklären, wie wir das über uns gebracht haben, uns dem jungen Paar, vor allem der schwangeren Lena, auch noch aufzudrängen. Aber offenbar waren wir alle so jung, dass es uns nichts ausmachte, wie im Pionierlager zusammengedrängt in einem Raum auf Behelfsbetten zu übernachten. Als Erfahrung dessen, was das Leben in der Komunalka bedeutet, hat es allemal gereicht. Wie es die beiden später aber noch einige Zeit mit dem Baby in der Gemeinschaftswohnung ausgehalten haben, kann ich überhaupt nur ahnen. Ich war da schon nicht mehr in Leningrad. Die beiden aber haben bald danach das Land verlassen.

Nach dem Ende der Sowjetunion kam ein wunderbarer Film heraus, „Ost – West", ein Film über eine wahre Begebenheit, die Geschichte einer Französin, die ihrem russischen Mann in die Nachkriegssowjetunion folgt. In dem Streifen gibt es vieles, was nicht unbedingt der damaligen Realität entsprechen mag, eines aber ist ausgezeichnet dargestellt: das Leben in einer Gemeinschaftswohnung in Zeiten der Angst und der Denunziation, in den sowjetischen fünfziger Jahren.

Eine ganz andere Form von Gemeinschaftswohnung habe ich danach in Moskau kennengelernt. In der Baumanskaja, einer zentral gelegenen Moskauer Straße, hatten sich Künstler ein Abbruchhaus angeeignet und darin ihre Ateliers eingerichtet. Als ich die Freunde von der Baumanskaja zum ersten Mal besuchte, hatte ich ein gewisses Déjà-vu-Erlebnis. Im Korridor der riesigen alten Wohnung in dem verwahrlosten Haus standen Fahrräder und alte Kanonenöfen herum, viele Bilder lehnten an den Wänden. Das Wasser für den Tee setzte einer der Maler in der Gemeinschaftsküche auf, die diesen Namen kaum noch verdiente, und wir tranken ihn rund um ein winziges Resopaltischchen, auf dem Farbflecken prangten. Der eine oder andere schlief auch in den Zimmern, die jedes für sich die Künstler widerspiegelten, die dort arbeiteten. Von der Aggression aber, die ich in der echten Komunalka in Leningrad gespürt hatte, war hier nichts zu bemerken. Aber vermutlich hatte das auch mit der Tatsache zu tun, dass die Künstler der Baumanskaja schon begonnen hatten, Erfolg zu haben, und dass sie hier zwar arbeiteten, aber nur einer dort lebte. Und schließlich damit, dass sich auch diese

Wohn- und Arbeitsgemeinschaft bald danach auflösen sollte, weil die Stadt das Haus kaufte und die Künstler daraus vertrieb. Aber das ist – wie es so schön heißt – eine andere, wenn auch sehr russische Geschichte.

Die Jerofejews

Eine wunderbar sowjetische Familie. Sowjetisch im Sinn der siebziger Jahre, der Breschnjewschen Stagnation, und dazu noch mit Bezug zu Stalin. Den hat Viktor, der ältere Sohn, bereits in seinem Roman „Der gute Stalin" dargestellt. Als ich die Eltern Jerofejew aber in ihrer wunderschönen Wohnung an Moskaus Prachtstraße, der Twerskaja, besuche, wird mir die Glanzzeit von Vater Wladimir Jerofejew aber doch noch einmal geschildert. Natürlich. Wer kann schon von sich sagen, dass er der Dolmetscher eines der größten Verbrecher des 20. Jahrhunderts war – und überlebt hat?

Vater Jerofejew kann. Und seine Erinnerungen sind ungetrübt vom Grauen des damaligen Alltags. Wahrscheinlich, weil man nur so überleben konnte. Ihm persönlich habe Stalin kein Leid zugefügt, sagt Wladimir Jerofejew. Im Gegenteil. Er habe ihn gut behandelt, den blutjungen Diplomaten, der für ihn aus dem Französischen und ins Französische übersetzte. Einmal habe er ihm sogar ein Glas Wein angeboten, nachdem er bei der Vorführung eines französischen Films in Stalins privatem Kino gedolmetscht hatte, erzählt Vater Jerofejew. Seine Freunde und Studienkollegen waren da schon verhaftet worden, damals, während des großen Terrors.

Wladimir Jerofejew ist ein glücklicher Mensch. Ein Mensch, der immer wieder Glück hatte, um genauer zu sein. In den vielen Jahren in Moskau habe ich sehr viele getroffen, die davon erzählten, was es bedeutete, Glück zu haben. Meistens hieß das, dass man überlebt hatte. Da war immer das Glück, der Zufall im Spiel. Manchmal muss ich dabei an den legendären Spruch von Friedrich Torbergs Tante Jolesch denken, der da lautet: Gott bewahre uns vor allem, was noch ein Glück ist.

Glück kann in der russischen, der sowjetischen Lesart bedeuten, dass man statt in ein Lager in ein anderes eingeliefert wurde. Dass man statt zu zwanzig nur zu fünfzehn Jahren Haft verurteilt wurde. Dass man sein Kind nach den langen Lagerjahren wiederfand – auch wenn dieses Kind traumatisiert und fremd vor einem stand und einem zum Vorwurf machte, was andere einem selbst angetan hatten – und damit indirekt auch ihm, dem Kind. Glück bedeutete auch, ein zweites Zimmer in der Gemeinschaftswohnung zugewiesen zu bekommen. Oder zur Arbeit nicht in den hohen Norden oder den fernen Osten des Landes geschickt zu werden.

Wladimir Jerofejews Glück war von dieser Sorte, wenn auch weniger grausam. Es bestand lediglich in einer schweren Angina, die ihn ans Bett fesselte und so verhinderte, dass er zu jenem Treffen ging, bei dem seine Kommilitonen verhaftet wurden. Der Dichter, um den sie sich versammelt hatten, wurde übrigens erschossen. Wegen seiner Gedichte. Die seien zu offen kritisch gewesen, sagt Wladimir Jerofejew. Er habe den Freund gewarnt, ihm davon abgeraten, diese Gedichte vorzutragen. Und habe recht behalten.

Viele aus der Umgebung des jungen Diplomaten und Dolmetschers wurden damals nachts abgeholt, verschwanden im riesigen Archipel Gulag. Manch einen hat er später, als die Menschenfresserzeiten unter Stalin vorbei waren, wieder getroffen. Gebrochen an Geist und Körper kamen sie zurück aus der Hölle der Lager, sagt Wladimir Jerofejew mit nachdenklichem Blick – um dann sogleich hinzuzufügen, dass er damals kaum gewusst habe, was vor sich ging.

Seine diplomatische Laufbahn begann er als Mitarbeiter der legendären Schriftstellerin und Diplomatin Alexandra Kollontai an der sowjetischen Botschaft in Stockholm, mitten im Krieg, nachdem er schwer verletzt aus der Armee entlassen worden war. Auch das war wohl ein Glücksfall. Danach ging seine Karriere geradlinig weiter, über seine Tätigkeit als Stalins Dolmetsch hin zu vielen langen Auslandsaufenthalten, die es ihm erlaubten, die sowjetische Realität nicht allzu genau zur Kenntnis zu nehmen.

Die erste Begegnung mit Stalin, so erzählt er, endete in einem großen Gelächter. Der Diktator – die Pfeife im Mund – fragte Wladimir etwas, dieser aber hatte nicht genau verstanden, wie die Frage lautete. Weil er dachte, der große Vater des Volkes habe wissen wollen, wo er studiert habe, sagte Wladimir: In der Leningrader Universität. Stalin brach daraufhin in schallendes Gelächter aus und fragte nach: „Was, genau dort, in der Leningrader Universität?" Wladimir bestätigte das, ein bisschen irritiert. Da lachte Stalin noch lauter und sagte dann, er habe ihn gefragt, wo er geboren sei. So sind die Erinnerungen Wladimir Jerofejews an den Mann mit dem Schnauzbart.

Danach ging Wladimirs Karriere weiter, ließ ihn viele Jahre lang im Ausland leben. Bis zu jenem Tag …

Bis zu jenem Tag im Jahr 1979, an dem Viktor, sein älterer Sohn, der Schriftsteller, sich mit Leuten einließ, die das Regime gar nicht schätzte. Mit Schriftstellern, deren Werke im Ausland erschienen, aber nicht in der Sowjetunion. Wladimir war damals sowjetischer Botschafter bei den internationalen Organisationen in Wien, ein bedeutender Posten mit hohem Prestigewert. Doch plötzlich fühlte sich die sowjetische Führung durch das Erscheinen des Almanachs „Metropol" außerordentlich provoziert, ganz besonders durch Viktors Erzählung, in der ein kunstsinniger junger Mann die Poesie auf öffentlichen Toiletten entdeckt. Das brachte Viktor den Vorwurf ein, er habe die Sowjetunion als öffentliche Toilette dargestellt. Im Almanach hatte eine Reihe bekannter und weniger bekannter Schriftsteller eine Sammlung unzensurierter Texte veröffentlicht, Texte also, die nicht den Behörden vorgelegt worden waren, bevor man sie an die Öffentlichkeit brachte. Texte, die nach dem Wunsch der Initiatoren der stagnierenden sowjetischen Literatur Farbe geben sollten oder auch nur einen Anstoß zu mehr eigenständiger Kreativität. Einer der Initiatoren war Wassilij Aksjonow, ein zweiter hieß Viktor Jerofejew.

Jerofejew Vater wusste, was auf ihn zukam, als er ein Foto seines älteren Sohnes in der französischen Zeitung „Le Monde" fand. Als die Angelegenheit „Metropol" vom Stadium des „Samisdat", also des eigenhändig auf der Schreibmaschine abgetippten Manuskripts, das man sich heimlich weiterreichte, ins Stadium des „Tamisdat", der professionellen Veröffentlichung in den USA und Europa, übergegangen war, hatte der sowjetische Diplomat keine Zweifel mehr, dass das auch ihn betreffen würde. Wladimir wurde denn auch sogleich nach Moskau beordert; man verlangte von ihm, er möge die Vorgangsweise seines Sohnes verurteilen. Doch er lehnte ab. Er sehe kein Verbrechen, sagte er denen, die ihn vorgeladen hatten. Da hätten sich ein paar junge, talentierte Schriftsteller zu Wort gemeldet, aber in ihrem Almanach sei nichts Antisowjetisches zu finden. Darauf hieß es, er solle sein Parteibuch zurückgeben. Danach beschäftigten sich ZK und Politbüro mit der Frage, was mit ihm, dem Vater eines der literarischen Verbrecher, zu geschehen habe.

Sechs Jahre danach wurde Michail Gorbatschow Parteichef und rief wenig später Glasnost und Perestrojka aus. Auch das ist ein Glücksfall im Leben der Jerofejews. Die Konsequenzen aus der Tatsache, dass Viktor sich zu den Rebellen gegen die steinernen Regeln des sowjetischen Kulturbetriebes gesellt hatte, blieben überschaubar. Freilich, Wien musste der Vater verlassen. Um sich von den Bekannten in Österreich verabschieden zu dürfen, musste sich Wladimir an den legendären sowjetischen Außenminister Andrej Gromyko wenden. Als er seinen Wunsch vortrug, noch einmal für ein paar Tage nach Wien zurückzukehren, machte Gromyko ein bedenkliches Gesicht und warnte Wladimir vor „möglichen Provokationen". Immerhin war er jetzt der Vater eines im Westen gefeierten Schriftstellers. Doch er durfte nach Wien fahren und sich verabschieden; danach wurde er zur sowjetischen Delegation bei der Konferenz über Sicherheit und Zusammenarbeit in Europa in Stockholm versetzt, kehrte also dorthin zurück, wo er vor vielen Jahren seine diplomatische Laufbahn begonnen hatte. Wladimir war wie gesagt ein Glückspilz. Viktor wiederum musste mit dem Ausschluss aus dem Schriftstellerverband leben. Vielleicht hatte er ja aber genau das auch bewirken wollen. Dafür kannte man jetzt seinen Namen weit über die Sowjetunion hinaus, so wie die Namen von Wassilij Aksjonow oder Bella Achmadulina.

Wladimir Jerofejew sagt heute, das Ende der Sowjetunion sei schon damals vorauszuahnen gewesen. Alles habe sich genau in diese Richtung entwickelt, und sein Sohn Viktor sei eben besonders klarsichtig gewesen und seiner Zeit ein wenig voraus. Dass der Vater sich nicht von ihm distanziert hat, als er in Ungnade gefallen war, ist für Viktor, der inzwischen zu den weltweit anerkanntesten russischen Schriftstellern gehört, immer noch Grund zur Freude.

Während Wladimir seine Geschichte erzählt hat, hat Viktor Tee gekocht und die von ihm mitgebrachte Obsttorte angeschnitten. Er hat die Begegnung in der Wohnung seiner Eltern angeregt und übernimmt jetzt die Hausherrenrolle, auch weil seine Mutter Galina an diesem Tag kränklich ist und sich deshalb nicht an dem Gespräch beteiligt. Der Bruder hingegen schon: Andrej Jerofejew, im heutigen russischen Kunstbetrieb einer der Staatsfeinde Nummer eins. Weil er den traditionellen Kunstbegriff umgestoßen und eine Sammlung moderner Kunstwerke angelegt hat, die den Kulturbürokraten der alten Sowjetunion die Haare hätten zu Berge stehen lassen und ähnliche Gefühle auch bei den heutigen russischen Kulturbürokraten auslösen.

Da sitzen wir also um den großen runden Tisch im Wohnzimmer der Eltern Jerofejew; an den Wänden moderne Malerei, die Andrej herbeigeschafft hat. Ich kann den Verdacht nicht loswerden, dass sie auch nur ihn anspricht, die Eltern vermutlich weniger. Da sitzen sie: der Vater, der ein Teil des sowjetischen Establishments war und über die neue russische Führung sagt, das seien engagierte junge Leute, die schon wüssten, was sie täten, und eben alles anders machten als ihre Vorgänger. Die Söhne, die in verschiedener Form beide gegen das alte wie das neue Establishment angetreten sind, Viktor als Schriftsteller, Andrej als Kunsthistoriker.

Andrej jedenfalls definiert die heutige politische Situation in Russland über ein Bild. Natürlich. Kann ein Kunsthistoriker über Politik sprechen, ohne ein Bild zu verwenden? Die heutige Politik, sagt Andrej, sei wie ein rückwärts fahrender Zug. An der Weiche allerdings sei er auf ein anderes Gleis gerutscht, er fahre weiter rückwärts, gelange aber nicht an die Station „Sowjetunion", sondern an eine, die noch niemand geplant habe. Und in der eine neue Art der Eiszeit anzubrechen scheint, denke ich. Andrej bestätigt mein Gefühl, als er von seinen persönlichen Erfahrungen zu erzählen beginnt.

Wieder landen wir bei Glasnost und Perestrojka und anschließend bei den angeblich so chaotischen neunziger Jahren des neuen Russland unter einem Boris Jelzin, der seinerzeit die Losung ausgegeben hatte: „Nehmt euch so viel Freiheit, wie ihr ertragen könnt." In der Welt der Kunst, sagt Andrej, bedeutete das viele neue Projekte. Damals ging es um eine Modernisierung des Landes. Doch die versandete dann irgendwo. Weil die Kraft ausging, weil die Angst plötzlich wieder hochkam, weil die Menschen müde wurden. Im Kunstbetrieb, sagt Andrej, der bis vor Kurzem Kurator für zeitgenössische Kunst in der berühmten Tretjakow-Galerie war, hieß das Stillstand. Die Chefs taten einfach gar nichts mehr. Andrej hatte damals eine sichere Nische gefunden. Er beschäftigte sich mit Jugendstil und der österreichischen Architektur des Otto Wagner; die Tatsache, dass die Eltern in Wien stationiert waren, mag bei dieser Entscheidung eine Rolle gespielt haben. Vor allem aber gab es zu Sowjetzeiten nicht allzu viele andere gangbare Varianten.

Dann, als sich mit Gorbatschow und den berühmten Schlagworten plötzlich neue Räume auftaten, begann Andrej, wie er meint, sein zweites Leben. Aus dem Hobby des ersten Lebens, der zeitgenössischen russischen Kunst, wurde in seinem zweiten Leben sein Beruf. Abgesehen davon, dass damals, so sagt Andrej, viele überhaupt alles änderten: Wohnung, Beruf, Ehefrau. Auch er hat das getan. Die neue Ehefrau ist um einiges jünger und Deutsche. Und in Andrejs geräumiger neuer Wohnung im alten Herzen von Moskau krabbeln jetzt drei kleine Kinder herum, eine Tochter und männliche Zwillinge. In diesem Bereich ähneln sich die Lebensgeschichten der Brüder; auch Viktor, zehn Jahre älter als sein Bruder, hat eine neue, sehr junge Frau und eine kleine Tochter.

In jener Zeit der Öffnung, sagt Andrej, geschah etwas ziemlich Einmaliges. Die bis dahin gefürchteten und gemiedenen Mächtigen, jene, die die Politik bestimmten, wurden in der Zeit des Aufbruchs zu Verbündeten. Sie taten, was notwendig war, um der Kunst Raum zu geben, sie atmen zu lassen. Nach den vielen Jahren der Diktatur gerade auch in diesem Bereich eine berauschende Erfahrung. Und jeder, der konnte, ergriff die Gelegenheit. Andrej tat es, indem er die zeitgenössische Kunst aus den Kellern und Hinterzimmern holte, indem er die Mächtigen überzeugte, dass es wichtig sei, der zeitgenössischen Kunst in den Museen und Ausstellungsgebäuden eine Bühne zu geben, und die Künstler, dass sie ihre Werke zur Verfügung stellen sollten. Die Tatsache, dass bei der Erstellung dieser speziellen Sammlung, für die Andrej zuständig war, kein Geld an die Künstler floss, hat Anlass zu einiger Kritik gegeben. Manch einer warf ihm vor, er habe die Künstler übervorteilt. Aber jedes Kunstwerk, das in die Museen gelangte, habe dem betreffenden Künstler neue, auch finanzielle Perspektiven eröffnet, wirft Andrej zu seiner Verteidigung ein. Und Geld habe damals auch nicht die Rolle gespielt, die es heute spielt.

Mit der Machtübernahme durch Wladimir Putin war die Zeit der Freizügigkeit allerdings vorbei. Hatte die sowjetische Führung die zeitgenössische Kunst noch aus ideologischen Gründen abgelehnt, so verurteilte die neue russische Führung die Moderne aus dem Gefühl heraus, sie nicht zu verstehen und deshalb ablehnen zu müssen.

Warum aber ist Andrej heute nicht mehr Kurator der Tretjakow-Galerie? Eine exemplarische Geschichte. Eine Ausstellung im wunderschönen kleinen Sacharow-Zentrum an der Jausa war der indirekte Grund dafür. Sie trug den provokanten Titel „Achtung Religion" und zeigte ebenso provokante Kunstwerke. Als ich sie später auf CD betrachtete, gefielen mir die meisten Exponate nur mäßig. Nicht, weil sie provokant waren, sondern weil sie mir zu einem guten Teil grobschlächtig und etwas primitiv erschienen. Eine von meinem laienhaften Kunstverständnis her betrachtet also nur mittelmäßig interessante Ausstellung. Aber im Russland des Wladimir Putin – der sich ja gerne manchmal auch als Bewahrer der wahren Kunst, der Kunst für den anständigen russischen Menschen, der „wahrhaft russischen Kunst" geriert – wurde das anders gesehen.

Nebenbei erinnere ich mich daran, wie Putin einmal ein Theater besuchte, wo der Klassiker „Gore ot Uma" („Verstand schafft Leiden") von Gribojedow gespielt wurde. Nach der Vorstellung soll der Präsident hinter die Bühne gegangen sein und dem Regisseur erklärt haben, was an der Inszenierung falsch gewesen sei. Das allerdings erinnert dann eben doch an die Station Sowjetunion, auch wenn Andrej Jerofejew das nicht so sehen will.

Aber zurück zur Ausstellung, die ihm eine Anklage einbringen sollte. Es fand sich umgehend jemand, der sich in seinen religiösen Gefühlen gekränkt fühlte. Andrej und der damalige Chef des Sacharow-Zentrums, Juri Samodurow, wurden von einer Organisation christlicher Ausrichtung vor Gericht gezerrt, die Ausstellung geschlossen. Andrej verlor – später, aber auch im Zusammenhang mit dieser Geschichte – seinen Job in der Tretjakow-Galerie, Samodurow verließ – ebenfalls später – das Sacharow-Zentrum. In der Tretjakow-Galerie warf man Andrej dann vieles vor, vor allem aber begann man, die von ihm in den Aufbruchsjahren zusammengetragene Sammlung zeitgenössischer Kunst auseinanderzureißen.

Meine Moskauer Wohnung liegt in Sichtweite eines ausgesprochen hässlichen viereckigen Kastens am Moskwa-Ufer. Trotz seines abstoßenden Äußeren war dieser Kasten in meinen Moskauer Jahren eines meiner liebsten Ziele, wenn ich ein bisschen freie Zeit hatte. Denn das Moskauer Künstlerhaus beinhaltet viele kleine Geschäfte mit unglaublich kitschigem Kunsthandwerk und hat unzählige Ausstellungen veranstaltet, die meisten alles andere als aufregend, manche aber doch sehr spannend. Viele Kunstmessen finden hier übers Jahr verteilt statt; vor allem aber befindet sich im hinteren Teil die Neue Tretjakow-Galerie, ehedem Andrejs Arbeitsplatz. Und hier wiederum kann man, wenn man weiß, wonach man sucht, gut versteckt im obersten Stockwerk, die Werke der russischen Avantgarde und des beginnenden Sozialistischen Realismus bewundern. Immer aufs Neue ein Vergnügen.

Allerdings, sehr lange wird es meinen geliebten Kasten nicht mehr geben. Das Gebäude soll abgerissen werden, um einem weiteren großen Einkaufszentrum Platz zu machen, deren es inzwischen in Moskau eines an jeder Ecke gibt. Was dann aus dem Kunsthandwerk, vor allem aber aus den Kostbarkeiten der Neuen Tretjakow-Galerie werden wird, weiß niemand, auch Andrej Jerofejew nicht, der meint, der Abriss verfolge wohl auch den Zweck, die Sammlung zeitgenössischer Kunst endgültig und für immer zu entsorgen. Eine deprimierende Perspektive.

Andrej aber weigert sich, aufzugeben. Vielleicht auch, weil er drei kleine Kinder und eine junge Frau hat. Jedenfalls hat er jeden Tag neue Projekte. Eines allerdings ähnelt den sowjetischen Zeiten: die Tatsache, dass er sich jetzt wieder Nischen suchen muss, in denen er unbehelligt bleibt. Aber auch in seinem Leben spielt jenes Glück eine Rolle, das schon das Leben seines Vaters begleitet hat. In Andrejs Fall ist es wohl auch die Tatsache, dass sein Bruder Viktor einen gewichtigen Namen hat. Und auch wenn Viktor immer wieder ins Kreuzfeuer jener Gruppierungen gerät, die, vom Kreml gern geduldet, von sich behaupten, sie kämpften

125

für das wahre Russland, das Russland der Russen, ist er doch eine Autorität im heutigen russischen Kulturbetrieb und damit auch ein wenig geschützt. Immerhin gehörte Viktor Jerofejew zu jener Gruppe von ein paar Dutzend Intellektuellen, die Dimitri Medwedew vor seiner Wahl zum Präsidenten traf, um sie mit dem Satz zu überzeugen, Freiheit sei besser als Unfreiheit. Viktor war beeindruckt von der Tatsache, dass Medwedew sich überhaupt Zeit nahm für ihn und seinesgleichen. Damals hatte er die Hoffnung, dass sich das Land unter dem neuen Präsidenten vielleicht doch wieder etwas öffnen werde. Eine Hoffnung, die er allerdings bald wieder aufgab.

Obwohl er eine eigene Fernsehsendung hat und in Russland durchaus anerkannt ist, bleibt auch Viktor, der Schriftsteller, nicht verschont von den vielen Versuchen verschiedenster nationalistischer Gruppen und Grüppchen, der Kunst wieder einen Maulkorb zu verpassen. Ich erinnere mich an die Premiere der Oper „Die Kinder Rosenthals", für die der arrivierte und heftig attackierte Schriftsteller Wladimir Sorokin das Libretto geschrieben hatte. Auf dem Platz vor dem Bolschoi-Theater hatten sich pickelige Jünglinge mit kurz geschorenen Haaren hinter Plakaten aufgestellt, auf denen das Verbot der Oper gefordert wurde. Als ich sie fragte, ob sie wüssten, worum es darin gehe, verneinten sie das, erklärten aber, Sorokin schreibe Pornografie, weshalb es an Blasphemie grenze, seine Oper im russischen Nationaltheater, dem Bolschoi, aufzuführen. Wenige Jahre zuvor hatten die gleichen pickeligen Knaben die Bücher von Sorokin und Viktor Jerofejew öffentlich verbrannt. Pornografisch und unrussisch seien sie, hatten sie behauptet und jedem angeboten, sein Exemplar von Jerofejew oder Sorokin gegen einen Band von Dostojewskij oder Bunin einzutauschen. Mir läuft ein kalter Schauer über den Rücken, wenn ich an diese Bücherverbrennungsaktion denke, aber Viktor lacht und erzählt, was ihm bei einer Lesung in einer Buchhandlung widerfahren ist. Da seien nämlich wieder einige jener Jugendlichen aufgetaucht. Die nannten sich damals „Die Mitgeher"; gemeint war, dass sie mit Putin gehen und eisern hinter ihm stehen wollten. Später sollten sie ihren Namen mehrmals ändern, in „Die Unseren" und „Die junge Garde". Gemeint war immer das Gleiche: Unser Führer ist Putin und Russland gehört nur uns aufrechten Patrioten. Jeder, der gegen Putin ist oder kritisiert, was in Russland vor sich geht, ist kein Patriot, sondern ein Feind. Bei einer Wahl gingen sie übrigens so weit, junge Mädchen in Slips auftreten zu lassen, auf denen stand: „Wowa, ich bin mit dir." (Wowa ist die sehr familiäre Koseform für Wladimir.)

Solche „Mitgeher" jedenfalls erschienen bei Viktors Lesung und bewarfen ihn mit seinen Büchern. Viktor erzählt, er habe die Bücher einfach aufgefangen und sie den Zuhörern – die mehr als zahlreich erschienen waren – geschenkt. Die Menschen hätten sich sehr darüber gefreut und die „Mitgeher" seien frustriert abgezogen.

Irgendjemand zeigte auch Viktor an, bezeichnete eines seiner Bücher als beleidigend. Ich frage Vater Jerofejew, wie er es empfinde, zwei Söhne zu haben, gegen die vor Gericht Klagen anhängig seien. Sie lachen, alle drei, Vater wie Söhne. Und dann erzählt Viktor, wie das so sei in dieser Familie, die so oft im Leben Glück gehabt hat. Es gehe um einen Kampf der Werte, sagt der Schriftsteller. Dieser Kampf habe schon damals begonnen, als er sich den sogenannten Dissidenten zuwandte. Heute werde, meint Viktor Jerofejew, was er schreibe, in Russland als Angriff auf die gesamte russische Kultur aufgefasst. Im Westen wiederum finde man, dass er die Regeln der politischen Korrektheit verletze. Er sitze also zwischen allen Stühlen – und fühle sich wohl dabei. Und wieder stimmen Vater und Bruder in sein Lachen ein.

Niemand, sagt Viktor, niemand liebe ihn, weder die Konservativen noch die Liberalen, noch die Nationalisten oder gar die Faschisten. Geliebt werde er aber vom Volk. Mit einem Wort, das Glück des Wladimir Jerofejew, jenes Glück, von dem man manchmal nicht so genau weiß, ob Gott einen nicht besser davor bewahren sollte, hat sich auch auf die Söhne weitervererbt.

Als ich die gemütliche Wohnung schon verlassen will – Mutter Galina hat mir im Vorzimmer zugezwinkert und mich aufgefordert, bald wieder zu Besuch zu kommen –, hält Viktor mich noch kurz zurück. Was ich an diesem Nachmittag erlebt hätte, sei etwas ganz Besonderes, sagt er. Noch nie habe ein Journalist, weder ein russischer noch ein ausländischer, es geschafft, ein solches Gespräch zu führen. Mit allen drei Jerofejews gemeinsam.

Literaturclub

Sie sprechen leise,
wie an einem Sarg.
Das Holz der Wände
dämpft das Licht
und tröstet,
wo Leben
ach so schmerzt.
Man ist alleine
und auch unter sich.
In jener Welt,
die endet
an der Tür.
Die nicht mehr ist
und doch nicht untergeht.
Solange sie
noch bleiben
und die Gläser heben
wie im Traum.

Julia Chruschtschowa

Julia findet es unmöglich, wenn ich mich in Moskau nicht sofort zurechtfinde oder mich verspäte, weil ich in einem Stau stecken geblieben bin. Julia ist eine alteingesessene Moskauerin, und dass man zwei Theater miteinander verwechseln kann, ist für sie, die seit Langem im Theater arbeitet, unvorstellbar. Seit wir uns kennen, sorgt sie dafür, dass ich kulturell auf dem Laufenden bleibe. Manchmal piepst mein Handy mitten in der Nacht, und ich finde eine Nachricht von Julia, die mich ins Theater einlädt, meistens in die gerade aktuellste Neuinszenierung. Nur einmal sind wir gemeinsam in einer sehr sowjetischen „Turandot" gelandet, über die wir später noch lange gelacht haben, weil das Ende gar so pathetisch war und der Chor zwar in Weiß auftrat, aber in den typischen Gewändern Junger Pioniere.

Mit Julia war ich auch im Restaurant des Schriftstellerverbandes, in das man nur einkehren kann, wenn man von einem Mitglied eingeladen wird, und habe mich an der Holztäfelung und den noch sehr sowjetisch wirkenden Kellnern delektiert. Und Julia hat mich auch in jenes Lokal geführt, das genauso heißt wie mein sowjetischer Lieblingsfilm: „Weiße Wüstensonne". Ein usbekisches Lokal, wo man den besten Plow Moskaus bekommt, das typische zentralasiatische Reisfleisch also, das zwar in Öl schwimmt, aber vielleicht gerade deshalb eine besondere Köstlichkeit ist. Und das umrahmt von nachgestellten Filmszenen. Zum Beispiel einem Transparent, auf dem steht: „Frauen sind auch Menschen".

Wir kennen uns noch nicht sehr lange, erst ein paar Jahre. Davor hatte ich in Sizilien eine Entdeckung gemacht, die mich später Julia nahe brachte. Auf einem Flohmarkt in Palermo sah ich nämlich eine alte Ausgabe einer italienischen Zeitschrift aus dem Jahr 1964. Auf dem Titelblatt prangte Nikita Chruschtschow, darüber stand der Titel: „Chruschtschow abgesetzt". Ich kaufte die Zeitschrift und vergaß sie bald wieder, bis ich Julias Tochter Nina und in der Folge sie selbst kennenlernte. Ich schenkte ihr das Blatt, nicht ahnend, was das für sie bedeutete. Damals nämlich, als Nikita Chruschtschow in einem kalten Putsch abgesetzt worden war, geriet die gesamte Familie in Isolation. Ausländische Zeitschriften bekamen sie alle nun viele Jahre nicht mehr zu sehen. Wie der Westen die Vorgänge in Moskau sah und kommentierte, erfuhren sie nur bruchstückhaft. Deshalb war mein Fundstück vom Flohmarkt in Palermo für Julia ein wichtiges Dokument für ihr privates Familienarchiv.

Julias Familienverhältnisse sind ziemlich kompliziert. Sie ist nämlich eigentlich die Enkelin von Nikita Chruschtschow, weil aber ihr Vater Leonid 1943 fiel und ihre Mutter Ljuba eingesperrt wurde, adoptierten Nikita und Nina Chruschtschow sie, und sie wuchs als Tochter im Haus ihres Großvaters auf, als Jüngste in der großen Schar der Kinder. Die Großmutter war streng, den Großvater hat sie sehr geliebt. An den Vater hat sie ja auch keine Erinnerungen. Ihr Vater war eben Nikita Chruschtschow, und der muss zu ihr wohl eine ganz besondere Beziehung gehabt haben. Vielleicht, weil sie die Jüngste war, vielleicht, weil sein erster Sohn aus erster Ehe so jung im Krieg geblieben war.

Als Breschnjew Nikita Chruschtschow aus dem Kreml warf, war Julia vierundzwanzig Jahre alt. Erwachsen also, eine junge Frau mit Familie, eine Frau, die, so sagt sie heute, immer schon ziemlich freiheitsliebend gewesen sei. Das Studium an der Journalistenfakultät habe das nur noch verstärkt. Damals? Na ja, sagt Julia, natürlich war da die sowjetische Ideologie. Der Sozialistische Realismus und der „positive Held". Aber, so meint sie nachdenklich, damit war sie ja aufgewachsen, das war ihr irgendwie selbstverständlich und nicht besonders wichtig. Ihr, der Tochter des mächtigsten Mannes im Staat. Der sie zu Staatsempfängen mitnahm, manchmal auch ins Bolschoi-Theater, in die Staatsloge, und sich über die Geheimdienstleute lustig machte, die ihn bewachten. Von denen sagte er, so erzählt Julia, sie seien Nichtstuer, die nur unnütz in den Büschen herumständen.

Bis zum Fall des Nikita Chruschtschow lebte sie wie eine Prinzessin, war sich dessen aber nicht bewusst, wie sie meint. Immer wieder sei davon die Rede gewesen, dass sie be-, wohl auch überwacht werde. Sie habe das aber nicht zur Kenntnis genommen, habe es nicht als einengend empfunden. Habe eigentlich im Großen und Ganzen gelebt, wie es ihr gefiel. Wie die meisten meiner russischen Freundinnen heiratete sie sehr früh, mit achtzehn, und zog aus dem behüteten Leben einer privilegierten Tochter der Nomenklatura in die Einzimmerwohnung, die die Eltern ihres Mannes dem Paar überließen. Immer noch privilegiert auch in diesem Punkt, denn die meisten anderen jungen Leute in ihrer Situation lebten und leben mangels Geld und verfügbaren Wohnraums noch jahrelang bei den Eltern. Trotzdem machte Julia nach ihrer Hochzeit Bekanntschaft mit dem ganz normalen sowjetischen Alltag, den sie davor wohl kaum je kennengelernt hatte. Der Großvater war kategorisch gegen die frühe Heirat gewesen und eine Weile sehr böse auf Julia. Eine kurze Weile nur, dann verzieh er ihr.

In ihrem einen Zimmer versammelten sich die Freunde, die Studienkollegen. Man diskutierte und las Gedichte, wahrscheinlich alles unter ziemlich genauer Beobachtung. Denn schließlich war sie ja trotz allem die Tochter des obersten Kreml-Herrn. Das habe sie aber, behauptet Julia, ihre Freunde nicht spüren lassen. An der Journalistenfakultät habe damals dank des stellvertretenden Dekans, Jasen Sasurski, große Liberalität geherrscht.

Als ich an meinem Film über Russland nach Anna Politkowskaja arbeitete, besuchte ich auch Jasen Sasurski. Er ist seit vielen Jahren der Chef der Journalistenfakultät der Moskauer Universität, auch Anna Politkowskaja hat bei ihm studiert. Als ich in seinem chaotischen, vollgeräumten Zimmer saß, seufzte er, er wisse nicht mehr, was er seinen Studenten sagen solle. Er könne sie nur immer wieder warnen vor diesem Beruf, der heute in Russland so lebensgefährlich sei. Im Korridor vor seinem Zimmer hing ein Schaukasten, der der ermordeten Anna gewidmet war.

Als Julia an der Journalistenfakultät studierte, während Nikita Chruschtschow ein vorübergehendes politisches Tauwetter über die Sowjetunion brachte, war Sasurski ein aufstrebender junger Professor, der das Studium an seiner Fakultät so interessant gestaltete, dass Julia bis heute in den höchsten Tönen von ihm spricht. Warum sie ausgerechnet an die Journalistenfakultät gegangen ist, weiß sie nicht so recht, sagt Julia und gießt mir in ihrer kleinen Küche in einem Hochhaus im Zentrum von Moskau grünen Tee nach. Sie habe einfach gerne gelernt und sich an dieser Fakultät sehr wohl gefühlt. Obwohl sie auch hier Pflichtvorlesungen über Theorie und Praxis der sowjetischen Presse und Ähnliches mehr hören musste. Darüber hätten sich allerdings alle lustig gemacht, keiner habe einen anderen denunziert. Es war, wie gesagt, die Zeit des politischen Tauwetters. Damals atmete man ein wenig freier.

Julia lebte also den ganz normalen sowjetischen Alltag, bis hin zum Schlangestehen vor den Neujahrsfeiertagen, zu denen die Tische besonders reichlich gedeckt sein müssen. Über Politik hätten sie und ihre Freunde damals kaum gesprochen. Nur wenn die Politik die Kunst betraf, dann konnten sie sich ereifern. Zum Beispiel, als Boris Pasternak für seinen „Doktor Schiwago" den Nobelpreis bekam und ihn nicht entgegennehmen durfte. Das hätten sie alle empörend gefunden, erzählt Julia.

Die Ehe mit dem Studienkollegen hielt nur zwei Jahre. Dann lernte Julia in der Redaktion der Agentur APN den Vater ihrer Töchter kennen. Das sei ja keine Seltenheit, lächelt sie, dass man sich bei der Arbeit verliebe. Sie heiratete ein zweites Mal und nahm diesmal den Namen ihres Mannes an. Keineswegs eine Selbstverständlichkeit in der Sowjetunion, wo es durchaus üblich war, dass die Frauen auch nach der Hochzeit ihren Mädchennamen behielten. Julia aber wollte wohl die Gelegenheit ergreifen, sich des manchmal vermutlich auch erdrückenden Namens des Parteichefs zu entledigen. Die Großeltern seien auch mit dieser zweiten Heirat nicht glücklich gewesen. Und nicht mit der Tatsache, dass Julia nun mit Nachnamen Petrowa hieß, wie Hunderttausende andere Sowjetbürgerinnen auch. Zu allem Überfluss war ihr Mann um vieles älter. Die Großeltern missbilligten also auch diese Wahl, schwiegen aber dazu. Julia gebar sehr bald nach der Hochzeit zuerst ihre Tochter Nina und dann die zweite Tochter Xenia. Die Beziehung zu den Großeltern war abgekühlt, die Mädchen aber liebten die Großmutter Nina, und diese liebte ihre Enkelinnen und war ihnen gegenüber, so sagt Julia, sehr viel weniger streng, als sie die eigenen Kinder und Julia behandelt hatte.

Und dann kam der Tag, an dem Chruschtschow gestürzt wurde. Julia war nach Xenias Geburt im Mutterschaftsurlaub, arbeitete also nicht. Von den Vorgängen im ZK-Plenum erfuhr sie durch ihre Freundin, die Tochter des legendären Marschalls Budjonny, der vom Plenum nach Hause gekommen war und erzählt hatte, Chruschtschow sei abgesetzt. Die Freundin rief umgehend Julia an, die mit der kleinen Xenia und einer Kinderfrau zu Hause saß. Der legte sie nun das Baby in die Arme, hielt dann auf der Straße ein Auto an – noch heute macht man das in Moskau so, wenn man schnell irgendwohin muss, weil es viel zu wenige Taxis gibt, um den Bedarf zu decken – und fuhr zum Großvater. Der war ganz allein, erzählt sie. Großmutter Nina war im tschechischen Karlsbad zur Kur, mit der Frau Breschnjews, also des Mannes, der gerade den ihren gestürzt hatte.

Sie fuhren zur Datscha, Julia und Nikita Chruschtschow, ohne darüber zu sprechen, was gerade vor sich ging. Der Großvater, sagt Julia (den sie im Übrigen immer Vater nennt), sei schweigend auf und ab gegangen. Habe sicher über alles nachgedacht, mit ihr aber nicht darüber geredet. Sie habe nur versucht, ihn abzulenken, habe ihm von den Kindern erzählt, von der Natur, vom schönen Herbst, von Puschkin. So hätten sie jenen Tag verbracht.

Als sie nach ihrer Babypause in die Agentur zurückkehrte, habe sie eigentlich keine Veränderung wahrgenommen, meint Julia dann nachdenklich. Vielleicht auch deshalb, weil viele, mit denen sie dort zusammenarbeitete, einfach anständige Menschen waren. Dabei war Julias Arbeit eine ganz spezielle: Sie begleitete nämlich westliche Kamerateams bei Dreharbeiten, war also eine Art Aufpasserin. Ja, sie habe nach jeder Reise mit einem westlichen Team Berichte schreiben müssen, mit wem man Interviews gemacht habe und welchen Inhalts diese gewesen seien. Aber nie habe sie in ihren Berichten erwähnt, worüber man beim Teetrinken gesprochen habe. Und die Teams, mit denen sie unterwegs war, hätten sie auch nie in Schwierigkeiten gebracht, nie gefilmt, was von Amts wegen verboten war.

Sie habe erst nach und nach zu begreifen begonnen, wie viel Heuchelei und Lüge in diesem ihrem sowjetischen Leben vorhanden – und auch, wie gefährlich dieses Leben war. Zunächst aber gab es 1967, also drei Jahre nach dem Sturz des Großvaters, in ihrer Redaktion einen kleinen Aufstand gegen die unerträglichen Bürokraten in den Spitzenpositionen, vor allem gegen den stellvertretenden Chefredakteur. Julia kämpfte an vorderster Front. Ihr Mann, der nicht als behütetes Kind der Nomenklatura aufgewachsen war, begann sie zu drängen, sie möge die Arbeit aufgeben. Es sei doch klar, dass man jederzeit etwas gegen sie erfinden, ihr etwas andichten könne. Dass sie sich auf ihren Dienstreisen betrinke, Dollars annehme oder gar zu fremden Männern aufs Zimmer gehe. Sie werde sich von diesen Anschuldigungen nie reinwaschen können. Und kommen würden sie mit großer Sicherheit.

Aber noch glaubte Julia an die Möglichkeit, etwas zu verändern. Die Aufständischen in der Redaktion trugen ja zunächst auch den Sieg davon: Der stellvertretende Chefredakteur wurde abgesetzt. Als Julia davon erfuhr, war sie euphorisch. Bei der Erinnerung an jenen Tag lacht sie hell auf und sagt dann, sie habe ebenso gedacht wie ihr Großvater, der gemeint hatte, es genüge, die Wahrheit über Stalin zu sagen, alles andere werde dann ganz von allein kommen. Aber natürlich war das nur Wunschdenken, sagt Julia und wird wieder ernst. Ein paar Tage freuten sie sich, dann begriffen sie, was wirklich geschah. Man hatte zwar ihren großen Feind aus der Redaktion entfernt, aber auch seine Gegenspielerin, die die Rebellen an seiner Stelle hatten sehen wollen. Damit war der Aufstand zielsicher geschwächt, und jene, die rebelliert hatten, wurden nach und nach unter den verschiedensten Vorwänden entfernt. Julia erinnert sich zum Beispiel an eine junge Frau, die sich in einen Schweizer Literaten verliebt hatte; das reichte aus, um sie zu entlassen.

Damals, erzählt Julia, sei sie einmal in der Redaktion gesessen und habe laut vor sich hin räsoniert: Ach, wie gut es doch wäre, einzuschlafen und erst in einem Jahr wieder aufzuwachen! Da sei einer ihrer Arbeitskollegen aufgestanden und habe ihr empört entgegengehalten, dass sie nicht bedenke, wie viel Nützliches für das Land man in diesem einen Jahr doch tun könne. Ganz wie es ein kleiner Pionier gesagt hätte. Da habe sie erst so richtig begriffen, wie dieses Land funktioniere.

Ein Jahr später ließ Breschnjew die Panzer des Warschauer Pakts den Prager Frühling niederwalzen, und Julia verließ die Redaktion, nachdem die gesamte Führung der Agentur ausgetauscht worden war. So wie für Alexej Simonow war Prag 1968 auch für sie eine Art Wasserscheide. Die Welt hatte inzwischen schon lange aufgehört, an ihren Vater-Großvater Nikita Chruschtschow zu denken, und wie es seinen Angehörigen ging, interessierte ohnehin niemanden. Dass man aber auch nicht geschützt war, wenn man versuchte, in der Menge unterzutauchen – zum Beispiel, indem man wie Julia den berühmten Namen ablegte –, sollte ihr ebenfalls sehr bald deutlich gemacht werden. Sie sei ja damals eigentlich ein Niemand gewesen, sagt Julia, eine kleine Journalistin. Und trotzdem ließ man sie nicht in Frieden.

1970 starb ihr Ehemann. In der Redaktion war sie nur noch geduldet. Ein kalter Wind habe geweht, das habe man deutlich gespürt. Obwohl ihr Familienname damals Petrowa war, wollte niemand mehr ihre Artikel drucken. Einmal habe sie eine kleine Notiz für die Parteizeitung „Prawda" verfasst. Ein Freund habe sie in die Redaktion gebracht, aber als sein Chef den Namen darunter sah, fragte er: „Ist das *die* Julia Petrowa?" Als der Freund bejahte, warf der Chef die Notiz weg. Vielleicht hat Julia deshalb später – nachdem ihr Mann und seine Eltern gestorben waren, sodass sie sich nicht mehr kränken konnten – wieder den Namen Chruschtschowa angenommen. Vielleicht hatte sie das Gefühl, sich ohnehin nicht hinter dem anonymen Namen Petrowa verstecken zu können. Man würde trotzdem immer wissen, dass sie es war: Nikita Chruschtschows Enkelin und Adoptivtochter.

Zur Dissidentin habe sie sich trotzdem nie wirklich geeignet, meint Julia. Aber sie hatte genug Freunde unter den Dissidenten, um all jene Bücher lesen zu können, die im Westen gedruckt wurden und der Mehrheit der Sowjetbürger nicht zugänglich waren. Solschenizyn zum Beispiel. Dessen Roman „Der erste Kreis der Hölle" brachte sie ihrem abgesetzten Großvater auf die Datscha. Der las das Werk und lobte es sehr. So zumindest erzählt es Julia.

Wirklich für Politik habe sie sich allerdings erst nach dem Tod Nikita Sergejewitschs im Jahr 1971 zu interessieren begonnen. Nach und nach habe sie nämlich zweierlei begriffen: dass es doch nicht gelingen werde, den Totalitarismus zu überwinden, und dass auch der berühmte XX. Parteitag, an dem ihr Großvater die Entstalinisierung einläutete, nur die halbe Wahrheit ans Licht gebracht hatte. Julia verließ endgültig die Redaktion und wechselte als Dramaturgin ins Wachtangow-Theater. Eine große Erleichterung sei das für sie gewesen, meint sie. Sie habe sich frei gefühlt, endlich dem unsäglichen sowjetischen Journalismus entkommen. Dissidentin war sie wie gesagt nicht. Aber der Name Chruschtschowa machte sie zu einer Person, der man viel Aufmerksamkeit widmen konnte. Einmal, so berichtet sie vergnügt, habe sie aber die besondere Kombination in ihrem Namen vor Unheil bewahrt. Sie war mit mehreren Freunden im Auto unterwegs und saß am Steuer, als

Einzige, die noch nüchtern war. Alle anderen, darunter einige bekannte Schriftsteller, hatten ausgiebig dem Alkohol zugesprochen, und Julia sollte sie jetzt nach Hause fahren. Natürlich wurde sie von der Miliz angehalten. Hinter ihr lallte einer ihrer Passagiere ihr zu, sie solle ja nicht aussteigen, aber Julia fand, sie habe nichts zu verbergen. Und sie hatte ja auch tatsächlich keinen Tropfen angerührt. Der Milizionär studierte lange ihre Papiere. Dann plötzlich leuchtete sein Gesicht auf und er sagte: „Ach, Sie sind ja mit Leonid Iljitsch verwandt!" Julias Vater hieß Leonid, in ihren Papieren stand deshalb Julia Leonidowna. Aber auch Breschnjew hieß mit Vornamen Leonid. Der junge Milizionär hat sich durch den Vatersnamen verwirren lassen, und als er eine junge Frau vor sich sah, die einen berühmten Familiennamen trug und noch dazu den Vatersnamen des gerade Machthabenden, verwechselte er den gestürzten mit dem aktuellen Parteichef. Zu diesem Schluss gekommen, stand er vor Julia stramm, salutierte und bat sie um Verzeihung, weil er sie belästigt habe. Julias Freunde aber, die vom Auto aus die Szene verfolgt hatten, schmückten diese später stark aus. Der junge Milizionär habe eine motorisierte Eskorte herbeigeholt, die Julia bis nach Hause begleitet habe, schwadronierten sie. Als ihr diese Version zu Ohren kam, musste sie noch mehr lachen als während der Amtshandlung selbst.

Julia arbeitete also im Theater und fühlte sich dort zu Hause. Auch hier musste der sowjetischen Bürokratie und dem ideologischen Zwang Genüge getan werden, aber hier hatte das alles etwas Theatralisches und nahm der Verlogenheit ein wenig die Spitze. Damals kaufte sie jene weiträumige Datscha, in der ihre Tochter Xenia heute mit Ehemann und zwei Kindern lebt, im Schriftstellerdörfchen Peredelkino, wo rundum Freunde lebten. Auch der Schriftsteller Anatoli Rybakow, der mit seinem Roman „Die Kinder vom Arbat" berühmt geworden ist. Julia erzählt, wie sie damals, als Rybakow sein Werk fertiggestellt hatte und man die Veröffentlichung nicht erlaubte, gemeinsam mit anderen herumlief und Unterschriften für eine Petition an das ZK sammelte, in der die Veröffentlichung des Romans gefordert wurde. Ganz offen sei sie mit der Mappe mit den Unterschriften unterm Arm hinüber zu Rybakows Datscha marschiert. Die Kinderfrau ihrer Töchter habe sich die Haare gerauft und Julia aufgefordert, vorsichtiger zu sein: „Julia, Sie haben zwei Kinder und niemanden, der sich um sie kümmern kann, was machen Sie denn?"

Aber offenbar bot der Name Chruschtschow trotz allem einen gewissen Schutz. Julia geschah nichts. Und es war eine herrliche Zeit, sagt sie, weil sie jeden Tag mit Rybakow zusammentreffen konnte, der ein wunderbarer Mensch gewesen sei.

Und dann kam das Jahr 1985. Gorbatschow wurde Parteichef, und Julia lernte einen italienischen Kommunisten kennen, mit dem sie viele Jahre lang zusammenbleiben sollte. Bis zu jenem Augenblick, als ihr klar wurde, dass er das Ende der Sowjetunion weniger verkraften konnte als sie selbst.

Mai 1985. Bei den Feiern zum Kriegsende wurde die erste Rede Gorbatschows erwartet. Julia sagt, sie habe von allem Anfang an großes Vertrauen in ihn gehabt. Sein Gesicht habe sie überzeugt, das Gesicht eines Intellektuellen. Julia, Rybakow und Julias italienischer Freund saßen zusammen und warteten mit angehaltenem Atem auf die Rede. Würde er die Formel verwenden, die bisher unumgänglich gewesen war? Dass der Krieg gegen Nazi-Deutschland nämlich dank Stalin gewonnen worden sei? Rybakow wettete dagegen, Julia hoffte. Und dann sagte Gorbatschow zwar nicht, dass der Krieg dank Stalin gewonnen worden war, aber unter Stalins Führung. Rybakow fluchte laut, und Julia sagt, sie sei beinahe in Ohnmacht gefallen. Für jemanden aus dem Westen eine kaum vorstellbare Situation. Wie sie alle an den Lippen dieses einen Mannes hingen und warteten, dass er ein einziges Wort weglassen möge, als Signal für Veränderung! Und wie tief die Enttäuschung ging, als dieses Signal nicht gleich kam. Nur Julias italienischer Freund behielt die Nerven und machte sie auf die Menschen aufmerksam, vor denen Gorbatschow seine Rede gehalten hatte: alte ZK-Mitglieder und

Politbürokraten. Was hätte er in dieser Situation denn sonst tun sollen, fragte er.

Gorbatschow gefiel Julia, gefällt ihr bis heute. Aber Russland liebe die Reformatoren nicht, meint sie. Habe sie nie geliebt. Ich frage sie, was sie gedacht hat, als Gorbatschow an die Macht kam. Ob sie gemeint habe, er werde das Werk ihres Großvaters fortsetzen. Nein, sagt Julia. Vor allem habe sie sich nicht vorstellen können, dass die Sowjetunion zerfallen würde. Immerhin sei sie ja als Sowjetbürgerin groß geworden.

Das neue Russland, das Russland der Putins und Medwedews gefällt Julia nicht. Trotzdem würde sie nie daran denken, ihrer Tochter Nina in die USA zu folgen. Hier, sagt sie, könne sie noch arbeiten. Und hier leben ja auch ihre beiden Enkelkinder. Vor allem Enkelsohn Nikita, der wohl nach Julias geliebtem Großvater benannt wurde. Mit ihm geht sie ins Theater und auf Reisen. Nein, die politische Situation heute gefällt ihr nicht – aber sie ist hier zu Hause. Hier und im Rest der ehemaligen Sowjetunion. Und daran können nicht einmal Kriege, wie jener zwischen Russland und Georgien im Sommer 2008, etwas ändern.

Die unvorhersagbare Vergangenheit

Geschichte ist in Russland eine besonders heikle Sache. Ja, natürlich, das ist sie auf der ganzen Welt. Die Versuchung, die Vergangenheit so darzustellen, dass sie die Gegenwart rechtfertigt, ist für jeden Mächtigen sehr groß. Aber es gibt nur wenige Länder, in denen die Umschreibung der Geschichte zugunsten der jeweiligen Machthaber so sehr Tradition hat wie in Russland. Stalin ließ seinerzeit seine politischen Rivalen aus allen Fotos wegretuschieren, auf denen sie näher bei Lenin standen als er selbst. Und in der Neuen Tretjakow-Galerie kann der interessierte Besucher bis heute riesige Ölgemälde im Stil des Sozialistischen Realismus finden, auf denen bestimmte Köpfe seltsam unscharf sind oder zwischen einzelnen Personen unerklärliche Lücken klaffen.

Der Kampf um die Vergangenheit ist in Russland jedenfalls ein besonders erbitterter, der, so könnte man meinen, nie aufhört.

Nach dem blutigen Zweiten Weltkrieg, den Millionen sowjetischer Menschen nicht überlebten, wurde auf Stalins Geheiß die Geschichte dieses Massakers so zurechtgelogen, wie es dem Diktator opportun erschien. Von den Fehlern seiner Führung durfte nicht gesprochen werden, davon zum Beispiel, wie viele Opfer unter der Zivilbevölkerung in Lenin- und Stalingrad hätten verhindert werden können, hätte der große Führer im Kreml nicht die rechtzeitige Evakuierung der Städte verboten. Allzu viel durfte auch nicht mehr über Marschall Schukow gesprochen werden, den wichtigsten Strategen der Roten Armee und eigentlichen Sieger in jenem Krieg. Das hätte Stalins Ruhm beeinträchtigt. Dafür wurde die Mär geboren, Stalin habe alles geplant.

Stalins Tod und die Entstalinisierung unter Chruschtschow hinterließen einen unangenehmen Beigeschmack. Die Heldenepen aus dem Krieg, die oft nicht der Wahrheit entsprachen, während über die unzähligen tatsächlichen Heldentaten einzelner wunderbarer Menschen schon deshalb geschwiegen wurde, weil sie nicht zu den wenigen gehörten, die sich im Licht des Mächtigen im Kreml sonnen durften, die Heldenlegenden also verblassten zusehends. Und das gefiel nur wenigen. Auch das war wohl mit ein Grund für den Sturz Chruschtschows. Kaum war der erfolgt, begann man mit einer neuerlichen Geschichtsumschreibung. Stalin wurde rückwirkend wieder zum Führer, der die Sowjetunion zu ihrer Größe geführt habe, während Chruschtschow das Land klein gemacht habe mit seinem Versuch, den Menschen ein etwas menschenwürdigeres Leben zu geben. Aber Menschenwürde und Heldenepos waren im Kopf der sowjetischen Elite, die Chruschtschow aus dem Kreml jagte, offenbar nicht vereinbar. Was zählte, war die Legende, nicht das Menschenleben. Chruschtschow selbst musste also reduziert, klein gemacht werden. Man stellte ihn als primitiven Bauern ohne Weitblick hin, um ihn besser jenem Stalin gegenüberstellen zu können, den man neuerlich als großen Führer mit besonderen Fähigkeiten zeichnete. Zwar ging niemand so weit, seine Verbrechen ganz zu verschweigen, aber man entschuldigte sie mit den objektiv herrschenden Umständen.

Unter Gorbatschow und Jelzin hatten seriöse Historiker ihre Chance. Die vielen Umschreibungen der Geschichte wurden kritisch beleuchtet, Archive geöffnet, neue Erkenntnisse über die Verbrechen an den Menschen möglich. Man konnte darüber reden, diskutieren, schreiben, Filme drehen. Viele, die jahrzehntelang geschwiegen hatten, entschlossen sich, zu reden.

Aber: Russlands Geschichte blieb unvorhersagbar. Und mit der Machtübernahme durch Putin und die alten KGB-Seilschaften kehrte der russische Lieblingssport wieder: die Umschreibung der Geschichte. Jene Jahre, in denen es den schüchternen Versuch gegeben hatte, sich eventuell ein bisschen in Richtung Demokratie zu bewegen, wurden zum Chaos erklärt, der Krieg in Tschetschenien zur antiterroristischen Operation. Und einmal mehr wurde Stalin aus dem Orkus geholt, in den er unter Gorbatschow und Jelzin zu Recht gewandert war. Geschichtsbücher, in denen seine wahre Rolle beschrieben wurde, verschwanden wieder aus den Schulen, und am sechzigsten Jahrestag des Sieges über Nazi-Deutschland tanzten auf dem Roten Platz vor den wohlwollenden Augen Putins und seiner Gefolgschaft – darunter auch Medwedew – junge Menschen in der typischen Kleidung der dreißiger Jahre des vorigen Jahrhunderts, als hätte es den Stalinschen Terror, die Massenrepressionen und den Hunger nie gegeben.

Der bis auf Weiteres letzte Streich in dieser Farce aber ist Präsident Medwedew vorbehalten geblieben. Der hat – wieder einmal – eine Kommission gegründet. Sie hat die Aufgabe, alles zu verhindern, was den guten Namen Russlands im historischen Zusammenhang beschädigen könnte. Soll heißen: Wenn hier jemand die Geschichte willkürlich umschreibt, dann nur wir, die russische politische Elite allein.

Alexander, der Tonmeister

Er ist einer der wenigen Menschen, in deren Auto ich beruhigt schlafe, während sie fahren. Wenn er eines seiner atemberaubenden Überholmanöver in Moskaus völlig verstopften Straßen durchführt, schließe ich einfach die Augen. Ich weiß ja, dass es gut ausgeht, aber hinschauen will ich lieber nicht.

Abgesehen davon ist er so etwas Ähnliches wie der Vater meines Moskauer Büros. Was immer an praktischen oder bürokratischen Schwierigkeiten und Problemen anfällt, der Erste, an den ich mich wende, ist stets Alexander Alexandrowitsch, den wir alle etwas respektlos Sascha nennen. In den vielen Jahren, die ich mit ihm gearbeitet habe, in denen er mich durch Moskau chauffierte, in denen wir gemeinsam unerträgliche Flüge in wackeligen sowjetischen Flugzeugen hinter uns brachten – er mit einem russischen Krimi bewaffnet, ich meistens auch –, in denen wir über Straßen fuhren, die diesen Namen nicht verdienten, und manchmal bis zu den Radkappen unseres VW-Busses im Schlamm stecken blieben, habe ich nie erlebt, dass er die Ruhe verloren hätte. Obwohl er durchaus wütend werden kann. Zum Beispiel, wenn man das eigene Auto schlecht behandelt, es, so wie ich, zu lange Zeit einfach stehen lässt. Denn Autos sind seine Passion.

Sascha ist ein Moskauer wie aus den Liedern von Bulat Okudschawa. Manchmal könnte er fast an jenen Lonja Koroljow erinnern, über den Okudschawa singt. Koroljow heißt auf Deutsch „Der Königliche"; Okudschawa besingt in diesem Lied einen kleinen König der Moskauer Innenhöfe, einen, der immer ein bisschen frech daherkommt, mit der Jacke über der Schulter und der Zigarette im Mundwinkel. Der ein offenes Ohr hat für die Probleme der anderen Halbstarken in seinem Hof. Und der schließlich an die Front muss, als der Zweite Weltkrieg beginnt, und nicht zurückkommt. Ein gefallener König, ein Held mit einem Wort.

Sascha ist kein König und kein Held, aber wenn er von seiner Kindheit in der Komunalka im Telegrafni Pereulok im Zentrum von Moskau erzählt, stelle ich ihn mir eben genau so vor wie jenen berühmten Lonja Koroljow.

In der Gemeinschaftswohnung in der Telegrafengasse gab es neun Zimmer. Es müssen also an die dreißig Personen gewesen sein, die sich diese Wohnung gezwungenermaßen miteinander teilten. Unter ihnen, erzählt Sascha, war auch ein alter Bolschewik, der Eintrittskarten zur großen Maiparade auf dem Roten Platz erhielt und den sechsjährigen Sascha dorthin mitnahm. Dort habe er auch Stalin gesehen. Man schrieb das Jahr 1952. Ich bezweifle, dass der alte Bolschewik tatsächlich ein solcher war, denn die wirklichen alten Bolschewiki hatte Stalin noch vor dem Krieg aus dem Verkehr ziehen lassen. Vermutlich war es einfach ein verdienter alter Mitarbeiter gewisser Organe, der den kleinen Sascha mit auf die Tribüne am Mausoleum nahm. Als dieser den Vater des Volkes mit seinem riesigen Schnauzbart sah, glaubte er für einen Augenblick, Gott geschaut zu haben. So habe man ihm, dem kleinen Buben, Stalin von allen Seiten präsentiert, meint Sascha. Also habe er voller Bewunderung zu ihm aufgeschaut, dort, auf der Tribüne vor dem Mausoleum.

Noch eine Erinnerung an jene Zeit, Anfang der fünfziger Jahre. Im Kino um die Ecke lief der berühmte Film „Der Fall Berlins", jener Film, in dem Stalin in blütenweißer Uniform aus einem gerade in Berlin gelandeten Flugzeug steigt. Die Geschichtsfälschung hatte da schon in großem Umfang begonnen; keinen störte die historische Tatsache, dass der große Vater des Volkes nie einen Fuß ins eroberte Berlin gesetzt hatte. Der kleine Sascha jedenfalls wurde mitgenommen in diesen Film. Als die Vorführung zu Ende war, sprang er voller Enthusiasmus auf seinen Sitz und rezitierte lauthals und für alle Kinobesucher gut hörbar ein Gedicht:

Lieber Genosse Stalin,
ein paar Tage nur noch,
dann werden auch wir
zu Verteidigern
unserer lieblichen Heimat.

Der Saal, so sagt Sascha, habe getobt, und er sei auf Händen aus dem Kino getragen worden. Wer ihm das Gedicht beigebracht hatte, weiß er nicht mehr, es könne auch sein, dass er es einfach irgendwo aufgeschnappt habe. Jedenfalls hatte er mit seinen sechs Jahren bereits begriffen, dass derlei erwünscht war.

Auch Sascha hat wie so viele in dieser vaterlosen Gesellschaft seinen Vater nie kennengelernt. Großvater und Großmutter zogen ihn auf. Der Großvater arbeitete im Handelsministerium, was erklärt, wie die Familie zu einem Platz in einer Komunalka im Moskauer Zentrum kam. Die Großeltern stammten ursprünglich aus einem Dorf in der Nähe von Wladimir am berühmten Goldenen Ring um Moskau, hatten sich aber wohl in Moskau kennengelernt. Sascha weiß nur, dass die Großmutter sich um ein Jahr älter gemacht hatte, um den Großvater heiraten zu können. In seiner Familie, erzählt Sascha, herrschte nicht der allgegenwärtige Hunger der Kriegs- und Nachkriegszeit. Der Großvater brachte Schokolade und andere Leckereien mit nach Hause, die Großmutter und ihre ältere Schwester nähten heimlich und verschafften der Familie damit ein zusätzliches Einkommen. Saschas Mutter arbeitete in verschiedenen Ministerien als Sekretärin. Sie hatte gerade die zehnklassige Schule abgeschlossen, als sie mit knapp siebzehn Jahren ihren Sohn bekam. Danach absolvierte sie keine weitere Ausbildung mehr. Über Saschas Vater wurde nie gesprochen.

Sascha erinnert sich vor allem an die Hinterhöfe. Eine bunt gemischte Gesellschaft habe sich da zum Spielen zusammengefunden. Man habe mit Murmeln gespielt und aus allen möglichen Materialien Tretroller zusammengebaut. Er selbst habe zu den Bessergestellten gehört im Hof, zu den besser Angezogenen und

Ernährten, dank Großvater und Großmutter, die sich zu helfen wussten. In den Hinterhöfen hätten sich natürlich Banden gebildet, und es habe richtiggehende Kriege zwischen dem einen und dem anderen Hof gegeben, lacht Sascha. In seinem Hof gab es im Kellergeschoß eines der Häuser einen kleinen Laden, wo man Brot oder Salzgurken kaufen konnte. Das sei für seine Bande ein großer Glücksfall gewesen, denn auf diese Art seien sie stets zu Munition gegen die feindlichen Banden gekommen. Die Abfälle des kleinen Ladens boten sich als Wurfgeschosse an. Und dann erklärt er mir genau, was sie damals taten. Man nahm zwei Stöckchen und versah das eine mit einem alten Nagel. Auf den Nagel spießte man eine faulige Gurke. Wenn man dann mit dem zweiten gegen den ersten Stock schlug, flog die Gurke dem Feind entgegen. So vertrieben sie sich die Zeit, die Kinder der Komunalkas im Zentrum von Moskau.

Und dann zog ein Bub namens Sascha Leonow mit seiner Familie ins Nebenhaus, und die beiden wurden unzertrennliche Freunde. Gemeinsam war ihnen vor allem die Liebe zur Chemie und die Freude an gefährlichen Experimenten mit chemischen Substanzen, die man zum Explodieren bringen konnte. Das brachte ihnen den Respekt der wildesten Rabauken in den Hinterhöfen ein, konnte man doch nie wissen, was die beiden gerade wieder ausprobierten. Die Freundschaft hielt ein Leben lang, bis Leonow, der Universitätsprofessor, mit achtundfünfzig Jahren an Lungenkrebs starb.

Über Politik sei zu Hause nur sehr verhalten gesprochen worden, erzählt Sascha. Er erinnert sich an die schwache Glühbirne unter dem Samtschirm, der von der Decke hing, an die Schatten an der Wand, an geflüsterte Gespräche in Andeutungen. Man war vorsichtig und ängstlich, und das Kind bewahrte das Bild vom düsteren Zimmer mit den zugezogenen Vorhängen und den leisen Stimmen für immer auf.

Als Sascha fünfzehn wurde, erhielten die Großeltern endlich eine eigene kleine Wohnung, und die Gemeinschaftswohnung war Vergangenheit. Saschas Mutter hatte da schon lange seinen Stiefvater geheiratet. Sein Stiefbruder kam erst zur Welt, als er selbst mit achtzehn Jahren zum ersten Mal vor den Standesbeamten trat. Davor hatte er allerdings ganz andere Ambitionen gehabt. Zur Kriegsmarine hatte er gehen wollen, weil er immer schon fasziniert war von allem, was mit Technik zu tun hatte, sagt Sascha – ich glaube es sofort –, und weil alle seine Freunde ähnliche Träume hatten. Alle wollten sie Piloten werden oder eben zur Kriegsmarine gehen. Auch das ist eine allgemeine Erscheinung im Leben der allermeisten männlichen Sowjetbürger: Ein Held sein zu wollen, Pilot oder Kosmonaut, das gehörte zu einer durchschnittlichen sowjetischen Kindheit. Saschas Großvater allerdings gab zu bedenken, welches Leben ihn erwarten würde im Dienst der Marine: immer in der Kaserne, immer unter Zwang. Und Sascha verzichtete.

In der Zwischenzeit war er von der Zehn-Klassen-Schule in die Arbeiter-Abendschule gewechselt und arbeitete in einem Laboratorium. Sascha sollte dort bei Tierversuchen helfen. Als er das erste Mal ins Labor kam, sah er viele Kaninchen, und die, so erzählt er und lacht wieder, betrachtete er als Lebensmittel, nicht als Tiere von wissenschaftlicher Bedeutung. Er ließ sich also eine Bestätigung für ein Kaninchen ausstellen und brachte es der Großmutter, die es aufs Köstlichste zubereitete. Niemand sagte etwas. Vermutlich, denke ich, haben das sämtliche Mitarbeiter des Laboratoriums hie und da gemacht. Gutes, frisches Fleisch war schließlich Mangelware in den sowjetischen Geschäften. Irgendwie passt die Geschichte gut zu meinem Bild vom jungen Sascha, dem frechen Buben aus den Hinterhöfen, der nie um einen Ausweg verlegen war.

Auch anderswo versuchte er anständige Lebensmittel zu organisieren. Als die Großeltern endlich eine eigene Wohnung bekamen, entdeckte er ganz in der Nähe einen kleinen Teich mit zwei Schwänen und vielen fetten Karpfen. Es genügte, ein Stück Brot ins Wasser zu werfen, dann konnte man sie mit der Hand fangen.

Allerdings stand der Teich unter Beobachtung: Ein paar alte Frauen saßen ständig am Ufer und fütterten die Schwäne. Also nahm Sascha sein Buch, einen schwarzen Bindfaden, einen Haken und ein Stück Brot und legte sich ans Ufer. Sobald die alten Frauen einmal wegschauten, warf er unauffällig seine improvisierte Angel ins Wasser. Beim nächsten Mal Wegschauen zog er den Karpfen aus dem Wasser und warf ihn ins Gebüsch. Viel Freude sollten sie an diesem Fang jedoch nicht haben; die Karpfen hatten in dem kleinen Teich kaum Platz, sich zu bewegen, und waren deshalb sehr fett, aber wenig schmackhaft.

Als Sascha und seine zwei besten Freunde endlich mit der Schule fertig waren, stellte sich die Frage, was sie nun machen sollten. Alle drei wollten sie ein Technikum besuchen, dort lag ihre Leidenschaft. Gemeinsam stellten sie sich der gar nicht leichten Aufnahmeprüfung. Saschas Freunde wurden angenommen, er aber verfehlte die Aufnahme um einen Punkt. Also arbeitete er weiter in seinem Labor und beschäftigte sich im Übrigen mit seiner damaligen Freundin und ersten Frau. Sehr erwachsen sei er sich vorgekommen, mit einem Lohn von dreiundvierzig Rubel im Monat, damals ein kleines Vermögen. Man ging aus, unternahm Reisen. Und die Großeltern drängten ihn, ein Medizinstudium zu beginnen.

An dieser Stelle halten wir inne in unserem Gespräch, weil mir zum ersten Mal in zwanzig Jahren klar wird, dass mein enger Mitarbeiter, der Tonmeister und Rallyefahrer, eigentlich – Arzt ist.

Ein Jahr, nachdem Sascha vergeblich versucht hatte, in das Technikum aufgenommen zu werden, nahm ihn die Medizinische Fakultät an. Dabei ersparte ihm ein Zufall etwas, was jeder sowjetische Student sonst auf sich nehmen musste: die Arbeit auf dem Kartoffelfeld. Als er nach der Aufnahmeprüfung zur Fakultät kam, fand er seinen Namen nicht in den Listen der Angenommenen. Die Enttäuschung war so groß, dass er nicht einmal selbst seine Papiere abholen wollte. Seine Mutter aber, die für ihn ins Dekanat ging, erfuhr dort, dass er ohnehin angenommen sei, dass man lediglich vergessen habe, seinen Namen auf die Liste zu setzen. Die Angenommenen aber waren längst alle gemeinsam zur Kartoffelernte aufgebrochen, nur Sascha nicht, der ja glaubte, zum zweiten Mal durchgefallen zu sein.

Sechs Jahre studierte er nun Medizin, schloss das Studium ab – und praktizierte nicht einen einzigen Tag als Arzt. Die Leidenschaft, die ihm schon der Großvater vermittelt hatte, die Leidenschaft zum Auto war stärker. Lange bevor er die Fahrprüfung machen durfte, war er bereits in einem Technikzirkel, in dem man sich mit Motoren und allem anderen beschäftigte, was mit Autos zu tun hatte. Kaum war er achtzehn geworden, organisierte der Großvater für ihn Fahrstunden und die entsprechende Prüfung. Natürlich hatten sie kein Auto, aber der Großvater arbeitete, nachdem er in Pension gegangen war, als Fahrlehrer, sodass er Sascha immer wieder die Möglichkeit zum Üben verschaffen konnte.

Und dann war da die Sache mit der Hochzeit. Als Sascha und seine Freundin sich beim Standesamt anmeldeten, waren sie beide noch nicht achtzehn Jahre alt. Die Eltern hatten sie natürlich nicht um Erlaubnis gefragt, aber im Standesamt schaltete man schnell. Eines Tages kam Sascha nichts ahnend nach Hause und stand seiner fassungslosen Mutter gegenüber, die ein amtliches Schreiben in der Hand hielt. Darin wurde sie aufgefordert, aufs Standesamt zu kommen und die Hochzeit des Sohnes zu genehmigen. Es gab einen gewaltigen Krach und keine Hochzeit. Im November des gleichen Jahres aber wurde Sascha volljährig. Einige Wochen später heirateten die beiden jungen Leute, ohne den Familien etwas zu sagen. Es war der 31. Dezember; Sascha Leonow und seine Freundin waren die Trauzeugen. Das junge Paar und die Freunde feierten in Leonows Wohnung mit süßem Wein, wie ihn vor allem die Russinnen lieben. Dann fuhren sie zu ihren jeweiligen Eltern. Saschas Mutter hatte den Neujahrstisch reichlich gedeckt, die Großeltern saßen da, der Stiefvater, vielleicht auch noch einige Freunde. Man aß und trank, lachte und sprach darüber, wie die Zeit verging, wie schnell die Kinder doch groß würden und auch darüber, dass Sascha bald heiraten werde. Das habe er eben getan, sagte der Junge.

Nachdem sich der Sturm in den beiden Familien etwas gelegt hatte, brachte man das junge Paar in der Datscha der Brauteltern unter. Morgens fuhren die beiden von dort aus in die jeweiligen Institute, am Abend zurück. Die Unterkunft war alles andere als komfortabel. Täglich musste der Ofen geheizt, das Wasser vom Brunnen geholt werden. Drei Jahre lebten sie so, dann kauften die Brauteltern ihnen eine kleine Kooperativwohnung im Zentrum von Moskau. Kurz darauf begann Saschas sportliche Laufbahn, die sein Leben verändern sollte.

Dort, wo der Großvater als Fahrlehrer arbeitete, lernte er junge Männer kennen, die sich dem Autofahren als Sport verschrieben hatten. Rallyefahrer. Und er wurde einer von ihnen. Das Medizinstudium setzte er zwar fort, aber seine ganze Energie steckte er nun in den Sport. Die Abschlussprüfungen im sechsten Studienjahr fielen zeitlich mit der Rallye „Weiße Nächte" zusammen. Das Team, für das er fuhr, bat schriftlich, ihn die Prüfungen vorzeitig ablegen zu lassen, damit er dieses sportliche Großereignis nicht versäume. So fuhr er, aller universitären Verpflichtungen ledig, mit einem Freund nach Leningrad, wo die Rallye starten sollte, und stahl unterwegs eine kleine rote Fahne, weil es Vorschrift war, bei der Rallye immer eine solche Fahne mitzuführen.

Und dann war das Studium zu Ende und Sascha diplomierter Arzt. Zur Armee eingezogen zu werden brauchte er nicht zu fürchten, weil es an seinem Institut einen sogenannten Militärlehrstuhl gab. Wo immer ein solcher existierte, blieb den Studenten der lange Dienst in der Roten Armee erspart, er galt als abgeleistet, wenn man seine Prüfungen an diesem Lehrstuhl absolviert hatte. Sascha war also nicht nur einfach Arzt, sondern auch noch Militärarzt. Und trotzdem gab es da ein Problem. Er konnte nicht wissen, wohin man ihn zur Arbeit schicken würde, und das wiederum gefährdete seine sportliche Tätigkeit. Jeder sowjetische Absolvent einer Hochschule war nämlich verpflichtet, mindestens drei Jahre dort zu arbeiten, wo der Staat ihn hinschickte. Und das konnte auch das tiefste Sibirien sieben Zeitzonen östlich von Moskau sein.

Sascha aber hatte unglaubliches Glück. Statt nach Sibirien schickte man ihn als Amtsarzt in den berühmten Gorki-Park mitten in Moskau. Allerdings zu Beginn des Sommers, also gerade in jener Saison, in der die meisten Wettkämpfe stattfanden. Sascha fuhr sein Auto den ganzen Sommer lang bei allen Rallyes, zu denen er angemeldet war, und erhielt im Herbst eine Vorladung in die Kaderabteilung des Gorki-Parks – ja, auch solche Institutionen verfügten nämlich über eine solche. Wo er denn im Sommer gewesen und wieso er nicht zur Arbeit erschienen sei? Sascha erzählte von seinem Sport. Die Dame, vor der er sich rechtfertigte, schlug die Hände über dem Kopf zusammen. Vor ihm hatte man dem Gorki-Park einen Alkoholiker als Amtsarzt zugeteilt und jetzt diesen Sportler, der einfach nicht zum Dienst erschien. Was tun? Sascha lief von Ministerium zu Ministerium, aber die Antwort war immer die gleiche: „Sie müssen Ihre drei Jahre abarbeiten."

Da fanden seine Freunde unter den Rallyefahrern einen Ausweg. Der Moskauer Automobilclub eröffnete eine Praxis und engagierte Sascha als Sportarzt. Seine Anstellung musste im Moskauer Bürgermeisteramt unterschrieben werden. Sascha wurde also vorgeladen und bekam interessante Fragen gestellt. Ob er Moskauer sei? Ob seine Eltern ebenfalls Moskauer seien? Ob er eine Wohnung habe? Sascha bejahte, der Beamte schüttelte den Kopf, unterschrieb und sagte, dann gebe es ja keine Schwierigkeiten. Man hatte offenbar befürchtet, dass die Bruderschaft der Rallyefahrer hier versuchte, einem Mann aus der Provinz nicht nur Arbeit in Moskau zu verschaffen, sondern auch die heiß begehrte Registrierung in der Hauptstadt und Wohnraum ebenda. Darum ging es am häufigsten in der Sowjetunion der siebziger Jahre: um Wohnraum und um die Genehmigung, in Moskau zu leben.

Sascha durfte sich also seine Praxis einrichten und seine Freunde damit aufziehen, dass es seiner Unterschrift als Arzt bedurfte, wollten sie an Wettkämpfen teilnehmen. Ein Jahr arbeitete er so, dann holte ihn sich die Autofabrik ASLK, die seine Erfolge als Rallyefahrer mitverfolgt hatte. Er war glücklich, weil die fabrikeigenen Teams wesentlich bessere technische Voraussetzungen vorfanden als alle anderen. Auch hier wurde er offiziell als Sportarzt angestellt, aber eigentlich wollte er sich nur mit den Autos beschäftigen, nicht mit den Menschen. Und das tat er auch, so lange und so hartnäckig, bis sich keiner mehr daran erinnerte, dass er eigentlich Arzt war.

Sascha fuhr nun als Testpilot Rallyes und stellte bald fest, dass man alle seine Kollegen zu Wettkämpfen ins Ausland fahren ließ, ihn aber nicht. Sehr viel später sollte ihm einer der zuständigen Funktionäre erklären, warum: Einer, der fertiger Arzt war, als Testpilot arbeitete und ins Ausland wollte? Zu verdächtig war das. Er hätte ja wer weiß was anstellen können, gar im Ausland bleiben! Sascha aber wurde unruhig. Inzwischen war seine älteste Tochter geboren, im Sport ging es nicht so recht voran, ins Ausland ließ man ihn nicht, das Geld reichte auch nicht. Und die Jahre vergingen. Sascha suchte eine „seriöse" Arbeit.

Jene Organisation, die Diplomaten und ausländische Journalisten in Moskau betreute – und natürlich auch überwachte –, hatte immer Bedarf an Mitarbeitern, Chauffeuren, Kameramännern, Tonmeistern, Putzfrauen und Sekretärinnen. Einer von Saschas Freunden kam auf die Idee, er solle sich doch dort melden, Chauffeure würden immer gebraucht. So kam er ins ORF-Büro. In Anzug und Krawatte stellte er sich vor, ohne eine Ahnung davon zu haben, was ihn hier erwartete, und allmählich wurde er vom Chauffeur zum Tonmeister, zum intimen Kenner sämtlicher bürokratischer Instanzen, mit denen man sich in Moskau herumschlagen muss, und schließlich zum unersetzlichen Vermittler zwischen uns und eben diesen russischen Bürokraten, die er in seiner abwechslungsreichen Karriere so gut zu verstehen gelernt hat.

Sowjetisches Disneyland

Und dann kam plötzlich diese Einladung. Jahrelang hatte ich mir gewünscht, einmal das exotische Turkmenistan besuchen zu können, wo Öl und Gas so reichlich flossen und Journalisten grundsätzlich unerwünscht waren. Als Ende 2006 Saparmurat Nijasow starb, Turkmenbaschi, der „Vater aller Turkmenen", wie sein Ehrenname lautete, rief mich eine Freundin an und jubelte am Telefon. Jetzt würde das Land endlich aufatmen können, die Grenzen würden aufgehen, alles würde sich ändern. Die letzte sowjetische Diktatur auf dem Territorium des einstigen Imperiums gehöre nun wohl der Vergangenheit an.

Danach war von Turkmenistan aber weiterhin nichts zu hören. Nur ab und zu durften kleine Grüppchen von Journalisten hinfahren, und jeder berichtete vor allem von den goldglänzenden Denkmälern für den Turkmenbaschi, die überall zu sehen waren. Jetzt also sollte auch ich sie in Augenschein nehmen dürfen. Sie und mehr, denn man lud uns nicht nur nach Aschchabad ein, sondern auch nach Turkmenbaschi ans Kaspische Meer.

Bei der Ankunft wurden wir sogleich in einen gesonderten Saal am Flughafen geführt. Später, als wir ihn endlich verlassen konnten, sah ich auch, welchen Namen er trug: CIP, für „Commercial Important Persons". Im Hotel drohte man mir in bester sowjetischer Manier damit, mir eine wildfremde Frau als Zimmergenossin zuzuteilen. Ich winkte ab – und blieb allein. Als ich die Balkontüre meines Hotelzimmers öffnete, sah ich ihn dann in voller Größe und Schönheit: Turkmenbaschi ganz in Gold auf einem die ganze Stadt überragenden Sockel, rosarot angestrahlt. Bei Tag – so stellte ich später fest – drehte sich die Statue, sodass der Vater aller Turkmenen seine ausgebreiteten Arme immer der Sonne entgegenstrecken konnte.

Danach sahen wir noch viele goldene Denkmäler und auch ein haushohes Buch, auf dem ein goldenes Profil des einstigen Diktators prangte. Wenn man unserem Begleiter glauben durfte, wird es abends geöffnet, auf dass die staunende Menge Zitate aus Turkmenbaschis einzigem Buch, das in Turkmenistan den Status der Mao-Bibel hat, darin erblicken möge.

Am nächsten Tag begrüßten uns am Flughafen von Turkmenbaschi – der Stadt am Kaspischen Meer, dem ehemaligen Krasnowodsk, wo das Öl raffiniert wird und der Tourismus künftig boomen soll – wunderschöne Mädchen in bestickten Kleidern mit Schüsseln voller Obst und Nüsse. Und vor dem Hotel, das der neue Präsident eröffnen sollte, waren die Massen angetreten. Die alten Männer mit den traditionellen Zottelmützen standen regungslos in der prallen Sonne und klatschten brav und rhythmisch, als der Neue die Szene betrat. Der Neue, der nicht in Gold zu sehen ist, aber sehr wohl als Foto auf fast jeder Autoscheibe, an allen Fassaden der neuen Hotels in Turkmenbaschi und in allen Hotelhallen.

Das Hotel, zu dessen Eröffnung man uns eingeladen hatte, war vom Verteidigungsministerium finanziert worden. Deshalb überwogen bunte Uniformen. Sogar das Orchester war dreifarbig, damit man die einzelnen Waffengattungen gut unterscheiden konnte. Untergebracht wurden wir allerdings in jenem Hotel, das die Zentralbank hatte finanzieren müssen, und auch dort in der Halle fand sich der Neue wieder, umgeben von turkmenischen Geldscheinen. Wenn man wollte, konnte man den Eindruck gewinnen, er spiele Monopoly mit sich selbst.

Am Abend beim großen Festkonzert traten auch abgehalfterte russische Popgrößen auf. Die küssten dem neuen Präsidenten fast die Hände – schließlich sind die Zeiten schlecht, und der Auftritt am Kaspischen Meer wurde sicher gut bezahlt. Der Präsident thronte wohlwollend über dem Ganzen und wollte seine Mitarbeiter offenbar fröhlich sehen. Als ich einmal den Blick von der Bühne weg hin zu den reichlich gedeckten Tischen wandte, sah ich eine große Gruppe schwarz gekleideter Männer, die mit ernsten Gesichtern dem mit Teppichen ausgelegten Platz vor der Bühne zustrebten, dazwischen die eine oder andere Frau. Man baute sich auf und tanzte, die Gesichter sehr konzentriert, die Bewegungen nur teilweise rhythmisch. Später fanden wir heraus, der Präsident habe gewünscht, es möge getanzt werden. Da dachte ich an den Anruf meiner optimistischen Freundin und daran, was man sich über Stalin erzählte. Der soll seine engsten Mitarbeiter zum Trinken und danach auch zum Tanzen animiert haben. Weil das sein Gefühl der Macht noch stärkte. So vermute ich wenigstens.

Olga Soldatowa

Als ich sie zum ersten Mal sah, stand sie am Zaun ihrer Datscha: eine imposante große Frau mit einem weißblonden Bubikopf, auf dem ein bisschen schief eine knallrote Baskenmütze saß. Im Arm hielt sie ein Bündelchen Hund. „Er heißt Samolotschik", stellte sie den Minidackel vor, zu Deutsch „Flugzeugchen". Samolotschik wedelte heftig mit seinem winzigen Schwanz und schleckte mir die Hand ab, als ich ihn streicheln wollte.

Mit ihrer hellen, mädchenhaften Stimme stellte Olga uns ihr Reich vor, eine Holzdatscha aus den zwanziger Jahren des 20. Jahrhunderts. Damals, so erzählte sie uns, lebten hier privilegierte Wissenschaftler. Heute wohnt hier, wer sich die Miete leisten kann, meinte sie und schaute dabei ganz ernst.

Auf dem Weg zu ihr waren wir jener Parallelwelt sehr nahe gekommen, die sich aus unerfindlichen Gründen längs einer der Moskauer Ausfallstraßen entwickelt hat. Olgas Datscha liegt an der inzwischen wohl weltberühmten Rubljowskoje-Chaussee, die gerne salopp einfach „die Rubljowka" genannt wird, so wie ihre superreichen Bewohner „die von der Rubljowka" sind. Wir fuhren also die Rubljowka entlang, vorbei an Luxuseinkaufszentren und Werbeplakaten für sündteure Privatschulen, im Stau stehend zwischen Range Rovers, Mercedes und Rolls-Royce. Die riesigen Villen mit den angeblich goldenen Wasserhähnen konnten wir hinter den hohen Mauern, die sie umgaben, nur erahnen.

Und dann kamen wir plötzlich an einen etwas verwitterten Zaun, an dem die Farbe absplitterte. Dahinter stand Olga, weißblond und mit roter Baskenmütze, in weiten naturfarbenen Leinenhosen und passender Bluse. Als lebe sie nicht nur in einer Datscha aus den 1920er-Jahren, sondern mitten drin in jener Aufbruchszeit. Und natürlich trug sie eines ihrer geliebten stilisierten Flugzeuge um den Hals.

Im weiträumigen Wohnzimmer des großzügigen alten Holzhauses wehten durchsichtige rote Vorhänge sanft im Wind, an der Wand hingen Olgas Bilder. Glasperlengestickte Flugzeuge und Piloten, auch ganz im Stil jener 1920er-Jahre, die so schön gar nicht gewesen waren hier in Russland. Der Geist der modernen Rubljowka war hier nicht zu finden. Aber auch nicht der Geist des ganz normalen Moskau mit seiner Hektik, seinem Lärm und seiner steten Aufregung über die Mühen des Lebens. Olgas Datscha war wie eine Luftblase, schwebend über einem kleinen, fast zugewachsenen Flüsschen, mit duftigen Batistvorhängen nicht nur im Haus, sondern auch in der zeltartigen Laube, die Olga im Garten aufgestellt hatte. Dazwischen sprang Samolotschik herum und zerrte einen Holzlöffel hinter sich her, der größer war als er selbst. Und ich dachte bei mir, dass wir plötzlich und unvermutet auf einem anderen Planeten gelandet seien. Auf einem Planeten, wo Olga mir japanischen Tee servierte und erzählte, dass sie neuerdings den Fernen Osten entdeckt habe, der so vieles zu bieten habe – vor allem so viel Ruhe.

Ihre Arbeit kannte ich schon sehr lange. Die Arbeit der Olga Soldatowa, die als Geheimtipp unter Moskaus Designern gilt. Entdeckt hatte ich ihre kleinen Kostbarkeiten aus Filz und Glas in einem meiner Lieblingsgeschäfte, zwischen Uhren aus alten Kaviardosen und Taschen mit riesigen roten Sternen als Dekoration. Es war im Künstlerhaus an der Moskwa, wo auch die Neue Tretjakow-Galerie untergebracht ist, in der Andrej Jerofejew nicht mehr arbeiten darf. Weil Moskau aber auch nur ein Dorf ist, kennt Andrej Olga gut und hat mich später mit ihr bekannt gemacht. Dort, in dem kleinen vollgestopften Laden, hatte ich mich in Olgas Flugzeuge verliebt und beschlossen, dass ich ihre Schöpferin auf jeden Fall persönlich kennenlernen wollte.

Nach unserem Besuch auf der Datscha lud ich Olga im späten Herbst dann zu mir in meine kleine Moskauer Wohnung ein.

Draußen standen die Autos Stoßstange an Stoßstange, und Olga verspätete sich ein bisschen. Als ich ihr schließlich die Türe öffnete, stand eine Frau mit diesmal hellroten Haaren vor mir. Olga war wieder einmal in Paris gewesen. Und dort, so erzählte sie, leiste sie sich jedes Mal eine neue Frisur und auch eine neue Haarfarbe. Sie trug ein selbst entworfenes Wollkleid mit langen seitlichen Schlitzen und vielen kleinen aufgedruckten stilisierten Flugzeugen und wirkte fast schüchtern, als sie da in ihrer vollen Größe und fast wie ihr eigenes Gesamtkunstwerk in meinem winzigen Vorzimmer stand. Als ich sie angerufen hatte, um sie einzuladen, hatte ich am Telefon einen Augenblick lang geglaubt, ich spreche mit einem Kind, so hell klang ihre Stimme. Jetzt, da sie so vor mir stand, war der Kontrast zwischen ihrer eindrucksvollen Erscheinung und der Stimme noch auffallender.

Wir tranken Tee und unterhielten uns über Haustiere. Mein Kater Wasja, gerade einmal acht Monate alt, tobte um uns herum. Olgas Samolotschik war zu Hause geblieben, nicht aber die Geschichten über die Streiche, die der kleine Dackel auszuhecken pflegte. Wasja fand Olga unwiderstehlich, konnte seine Pfötchen kaum von ihr lassen und brachte uns ständig zum Lachen. Ich zeigte ihr meine Sammlung von Olga-Soldatowa-Kostbarkeiten, die Anstecknadeln in Flugzeugform aus Filz und Glasperlen, den gläsernen Kremlstern an der silbernen Halskette, die Abendtasche mit den winzigen Sternchen und Flugzeugen. Und fragte sie, woher ihre Liebe zur Luftfahrt rühre.

Bevor sie mir das aber erzählte, wollte sie mir ihren Familiennamen erklären, den ich, wie andere wohl auch, mit Militär und Krieg in Verbindung brachte. Das bestritt Olga jedoch hartnäckig. Ihre Vorfahren, so erzählte sie, seien unter Peter dem Großen aus Italien nach Russland gekommen, und der Name Soldatowa leite sich vom italienischen Wort „soldi" – also Geld – her. Eine wunderbare Erklärung, die nicht mehr überprüfbar ist. Jedenfalls demonstriert sie, dass Olga mit Krieg nichts zu tun haben will, auch wenn ihre Sujets Flugzeuge und ziemlich militärisch anmutende Piloten aus den Anfängen der Sowjetunion sind. Doch davon etwas später.

Olga wurde auf Sachalin geboren, im fernen Osten Russlands. Die Eltern seien junge Enthusiasten gewesen, sagt Olga lapidar. Übersetzt bedeutet das: Man hat sie zur Arbeit in jenes ferne Entwicklungsgebiet geschickt, wo das Leben noch um vieles schwieriger war als im Rest der Sowjetunion. Allerdings waren auch die Einkommen weit höher. Wer das mühsame Leben in jenen zum großen Teil kaum erschlossenen Regionen auf sich nahm, der konnte für sowjetische Verhältnisse reich zurückkehren. Olgas Eltern nahmen die Mühen auf sich, hielten den Entbehrungen des Lebens auf der Insel aber nicht lange stand. Als Olga zwei Jahre alt war, übersiedelte die Familie zunächst in den Ural und dann nach Moskau, das Olga als ihre Heimat bezeichnete. Auf Sachalin ist sie nie mehr gewesen, an den Ural hat sie kaum Erinnerungen.

Dabei stammte die Familie gar nicht aus der russischen Hauptstadt. Olgas Vater war der Urenkel eines „weißen" Offiziers, also eines Mannes, der im Bürgerkrieg nach der Oktoberrevolution gegen die Bolschewiki gekämpft hatte. Er kam ursprünglich aus Petersburg. Als „die Roten" gesiegt hatten, floh die Familie ins sibirische Irkutsk, wo Olgas Vater zur Welt kam. Die Großmutter habe jahrelang die Fotos ihrer Eltern und Großeltern versteckt gehalten, aus Angst, auch im fernen Sibirien noch für ihre Herkunft zur Verantwortung gezogen zu werden. Aus Angst vor Gefängnis und Erschießung, sagte Olga ganz unverblümt. Deshalb liege ein großer Teil der Familiengeschichte im Dunkeln. Man habe nicht viel darüber geredet. Die Großmutter habe erst zwei Jahre vor ihrem Tod 1959 zu erzählen begonnen. Aber niemand habe ihr so recht zugehört, sodass sie die meisten ihrer Erinnerungen mit ins Grab nahm.

Olgas Mutter wiederum kam aus Tula unweit von Moskau. Dort leistete der Vater seinen Militärdienst ab, und so lernten sich Olgas Eltern kennen. Die Mutter war Lehrerin und starb früh,

Olga war gerade vierzehn geworden. Ein Jahr danach heiratete der Vater wieder. Olga erzählte, das sei für sie eine sehr gute Lebensschule gewesen: die Existenz mit der Stiefmutter, die sehr eifersüchtig auf sie war, mit der sie nie wirklich warm wurde.

Olgas Vater war Ingenieur und hatte mit der militärischen Luftfahrt zu tun. Und jetzt lüftete Olga auch das Geheimnis ihrer Passion für Flugzeuge aller Arten, die sie sogar dazu veranlasst hatte, ihren unbändigen Dackel so zu nennen: Samolotschik eben, kleines Flugzeug. Nicht nur ihr Vater hatte mit Flugzeugen zu tun, ihr Onkel war sogar Pilot. Die beiden nahmen die kleine Olga oft mit auf die Militärflugplätze, wo sie arbeiteten, und setzten sie manchmal, so erzählte sie voller Stolz, auch in die Pilotenkanzel eines Jagdflugzeugs. Damals habe sie sich für die Technik interessiert, gleichzeitig aber auch immer schon für die Kunst.

Die Eltern ließen sie eine Kunstschule besuchen. Sie habe sich da schwer getan, meinte Olga, später auch an der Universität. Zunächst habe sie natürlich, so wie alle ihre Kollegen, davon geträumt, Physik zu studieren. Damals, Anfang der achtziger Jahre, galt das noch als das prestigeträchtigste Studium. Aber dann habe sie sich doch für die Architektur entschieden.

Über Politik sei in der Familie nicht gesprochen worden. Nur ein Onkel habe sich regelmäßig darüber aufgeregt, was in der Sowjetunion des Leonid Breschnew vor sich ging, aber dieser Onkel, meinte Olga, habe als verrückt gegolten. Er konnte sich die Kritik aber auch leisten, er war einer der ersten wirklich Reichen in der Sowjetunion, lebte im Süden des Landes und verdiente mit seinen großen Weingärten sehr viel Geld. Ihr Vater aber sei ein überzeugter Kommunist gewesen und daher skeptisch, als Gorbatschow an die Macht kam. Sie selbst habe die neue Zeit sehr genossen, die Tatsache, dass man nun in den Westen reisen konnte, sei für sie besonders wichtig gewesen.

Damals, als der Umbruch begann, studierte sie noch und produzierte nebenbei schon ihre kleinen Schmuckstücke. Dann gab es einen Wettbewerb im Fach Architektur für ein Kurzzeitstipendium an der belgischen Akademie der bildenden Künste. Olga war eine von sechs Studenten, die dafür ausgewählt wurden, und die Einzige der sechs, die am Ende wieder nach Moskau zurückkehrte. Die anderen fünf nutzten die Gelegenheit und ließen sich in Belgien nieder. Olga aber hatte da schon einen Sohn. Auch sie hatte sehr früh geheiratet und ein Kind bekommen. Weil sie noch studierte, ließ sie den Sohn oft bei der Stiefmutter, was wiederum der Schwiegermutter nicht recht war. Als Olga das Stipendium für Belgien bekam, begann ein regelrechter Krieg, und sie wurde gezwungen, das Kind bei der Schwiegermutter in Moskau zu lassen. Für die Ausreise mit dem Kind hätte sie nämlich auch die Genehmigung der Schwiegereltern gebraucht, nicht nur die des Kindesvaters, und die weigerten sich, aus Angst, sie könne in Belgien bleiben und das Kind mit ihr. Die Ehe war da schon wieder in die Brüche gegangen, des Alkohols wegen, wie so viele russische Ehen. Olgas ehemaliger Ehemann ist vor wenigen Jahren gestorben, am Alkohol, dem er sich nie zu entziehen verstanden hat.

Olga kam also als Einzige aus Belgien zurück, voller neuer Eindrücke und unter Kulturschock. Und alle wunderten sich, dass sie zurückgekommen war. Damals machte sie Armbänder aus allen möglichen Materialien und hatte damit auch in Belgien und Frankreich großen Erfolg. Von dem Verdienst hätte sie auch im Westen ganz gut leben können. Warum also zurückkehren ins schwierige Moskauer Leben? Hätte sie den Sohn mitnehmen können, sie wäre wohl dort geblieben. So aber musste sie gegen alle möglichen Hindernisse kämpfen. Zum Beispiel die Schwiegermutter, die ihrem Sohn erzählt hatte, die Mutter habe ihn verlassen. Daran, Moskau endgültig den Rücken zu kehren, konnte sie damals nicht einmal im Traum denken. Doch das viele Geld, das sie im Westen verdient hatte, half ihr. Sie konnte es sich leisten, eine Wohnung zu mieten, für sich und den Sohn, und ein halbwegs komfortables Leben zu führen. Zumal sie ihre Armbänder damals auch auf Moskaus großem Souvenirmarkt in Ismailowo, wo ich Tanja getroffen habe, verkaufte. Auch hier für gutes Geld.

Nach und nach machte sich Olga einen Namen als Designerin. Zu den Armbändern kamen Broschen und Ketten, Kleider und Handtaschen. In den neunziger Jahren gab es die erste Modeschau mit ihren Werken. Und was sie in die Hand nahm, wurde zum Erfolg. Sie und ihre Arbeiten wurden zum Geheimtipp einer gewissen russischen und ausländischen intellektuellen Klientel, die auf der Suche nach Originellem aus Russland war. Irgendwann hat sie sich dann auch dazu durchgerungen, ein eigenes Geschäft aufzumachen, im Kulturzentrum Vinsavod, einer ehemaligen Weinfabrik im Zentrum Moskaus. Vinsavod hat sich schon lange zum beliebten Treffpunkt der kulturell Interessierten herausgeputzt. Aber Olga wäre nicht Olga, würde sie die Originalität von Vinsavod nicht noch ein bisschen auf die Spitze treiben. Ihr Lokal liegt – keiner weiß warum – direkt neben der öffentlichen Toilette im Kulturzentrum. Also hat sie an eine Wand ihres Geschäftes etliche Pissoirs nebeneinandergehängt und daran ihre Kunstwerke malerisch drapiert. Im ersten Moment ist man verwirrt, wenn man ihr Geschäft betritt, dann muss man lachen und erkennt das Wesen der Olga Soldatowa: Sie betrachtet dieses Land, seine Menschen, sein Wesen und Unwesen liebevoll ironisch und aus einer gewissen Distanz.

Kitsch

Ich liebe Kitsch. Ich sammle Kitsch. Und ich habe jetzt fast zwanzig Jahre in der Welthauptstadt des Kitsches gelebt.

Manchmal verschwimmt ja die Grenze zwischen Kitsch und Kunst, wenn man nur genügend Zeit vergehen lässt.

Eines Tages im Jahr 1992 war ich zu einem Abendessen bei einer schweizerisch-amerikanischen Familie in Moskau eingeladen. Wir waren eine große Gesellschaft, entsprechend ausladend war der Tisch, an dem wir essen sollten. In seiner Mitte entdeckte ich eine bezaubernde kleine Figur: ein zartes Mädchen, auf dem Bauch liegend, das Kinn in die Hände gestützt, die Beine in die Höhe gestreckt und neckisch verschränkt. Bekleidet war die kleine Tischdekoration mit einem roten Badeanzug mit weißen Tupfen. Bei genauerem Hinsehen fand ich weitere Figuren auf dem Tisch, aber auch im Rest der Wohnung. Sowjetische Porzellanfiguren. Ich verliebte mich – für immer. In die Soldaten, die mit ernstem Gesicht Lenin studieren, die flotte Maurerin in ihrer Latzhose, die einen Fuß auf ein Stück Mauer stützt, die Schweißerin, die ihre Schutzbrille hochgeschoben hat und sich in einem kleinen Spiegelchen betrachtet.

Ich habe sie gesammelt, diese Zeugen eines auf solche Art geschönten und mythisierten sowjetischen Alltags. Die kleine Jakutin im Fellkleid aus der Serie „Völkerfreundschaft". Die Mutter mit den nackten Zwillingen, die sie mittels einer Gießkanne duscht, die Weberin mit ihrem langen Stück Tuch in der Hand und dem Leninorden auf dem Schürzenlatz. Die beiden Tratschtanten: die eine dicklicher, offenbar vom Land, die zweite mit der Schmetterlingsbrille, direkt aus Moskau. Der Soldat aus dem Spanischen Bürgerkrieg mit dem schwarzhaarigen Kind auf dem Arm und die junge Komsomolzin mit dem Modellflugzeug in der Hand. Und die Bäuerin, die in einer Hand eine Weizengarbe hält und mit der anderen die Augen beschattet, für den Blick in die hehre Zukunft.

Natürlich sind sie unglaublich kitschig, gleichzeitig aber auch bezaubernd. Vor allem aber sind sie sehr politisch: Schließlich demonstrieren sie eine sowjetische Realität, die es so nie gegeben hat, dieses perfekte Leben, das nur in den Filmen der fünfziger Jahre und eben in diesen Porzellanfiguren je wirklich existiert hat. Sie sind die zu Porzellan erstarrte Verlogenheit eines Regimes, das vorgab, den Menschen ein Leben zu bieten, das es ihnen gar nicht bieten konnte.

Wer aber glaubt, mit dem Ende der Sowjetunion sei auch das Ende des von Staats wegen diktierten Kitsches gekommen, der irrt sich. Der Kitsch war ein Teil der sowjetischen Ideologie, und diesen Teil hat das Putinsche Russland übernommen. Nicht zufällig ist einer der größten Kitschkünstler der Haus- und Hof-Maler und -Bildhauer der russischen Hauptstadt, Zurab Tsereteli. Er ist Georgier, bleibt aber von den antikaukasischen Aufregungen verschont, weil er – sehr frei interpretiert – eben der kremleigene Georgier ist.

Zurab Tsereteli hat in Moskau Dinge angestellt, die man sich nicht einmal zu Sowjetzeiten hätte erlauben dürfen. Der Alexandergarten an der Kremlmauer zum Beispiel wurde von ihm in etwas verwandelt, das in die Grottenbahn im Wiener Prater passen würde. An einem künstlichen Flüsschen kann man die Statuen russischer Märchenfiguren bewundern, am Eingang zum Moskauer Zoo prangen überdimensionale Tierfiguren, und direkt gegenüber dem Kreml erhebt sich am Ufer der Moskwa ein Denkmal für Peter den Großen, das wie eine schlechte Kopie desjenigen für Admiral Tegetthoff am Wiener Praterstern wirkt. Aber dabei lässt man es nicht bewenden. Als wir zu einem EU-Russland-Gipfeltreffen nach Sotschi ans Schwarze Meer reisten, überraschte uns Journalisten die örtliche Stadtverwaltung mit Geschenken der besonderen Art. Wir bekamen kleine, offenbar aus Beton gegossene und deshalb zentnerschwere Trachtenfiguren aus dem Süden Russlands geschenkt.

Bei der Begegnung der EU-Spitzen mit Russlands Präsidenten im fernöstlichen Chabarowsk wiederum waren es stilisierte Volkstanzvorführungen, nur allzu gut aus Sowjetzeiten in Erinnerung, die den übernächtigen Besuchern aus Europa vorgeführt wurden. Zwischendurch durften auch russische Popsternchen ihr Können zum Besten geben – nur die wirklichen Ureinwohner der Region bekam man nicht zu Gesicht.

Kitsch ist eben auch eine politische Kategorie, und niemand weiß das besser als Wladimir Putin. Der erteilt neuerdings gerne Künstlern aller Kategorien Ratschläge, wie sie ihr Handwerk auszuüben haben. Denn Kitsch ist auch ein wichtiges Instrument im Kampf um die Herrschaft. Diese Erkenntnis scheint eine durch und durch russische zu sein.

Als wir Chabarowsk verließen, wurde es gerade dunkel. Längs der Straße, die zum Flughafen führte, leuchteten Bäume und Büsche in Blau, Grün oder Rot. Nach unserer Abreise hat man die bunten Lichterketten aber vermutlich wieder abmontiert.

Metro

Sie rollen hinab,
die Menschenmassen.
Hinunter ins Dunkel,
wo Eisen sie fängt.
Sie blicken nicht auf,
sie fließen wie blind
in den Schächten
der Stadt,
die da oben verschwimmt.
Doch manchmal
da blitzt es,
da kann es geschehen.
Ein Lächeln im grauen Getöse.
Dann ist da ein Mensch,
für den Augenblick,
ganz kurz nur,
bis der Strom ihn verschlingt.

Oleg, der Computerfachmann

Oleg sieht aus wie zwölf, ist aber Anfang dreißig. Er ist einer jener jungen Zauberer, die auch ganz kläglich verendete Blechtrottel wieder zu neuem Leben erwecken können. Und er ist gerne in meinem Büro und spricht mit uns über die politischen Vorgänge in Russland. Dabei gibt er sich höchst abgeklärt.

Sein Lieblingsfilm heißt „Stiljagi" und ist in seiner Generation, die die Sowjetunion bewusst kaum noch miterlebt hat, Kult. „Stiljagi" ist die Geschichte junger Sowjetbürger in den fünfziger Jahren, die sich aus dem Grau des sowjetischen Alltags befreien wollen, indem sie amerikanischen Jazz und Rock 'n' Roll hören und tanzen, indem sie sich kleiden wie Elvis Presley: in engen, zu kurzen Röhrenhosen und knalligen Sakkos mit Schulterpolstern, in weißen Socken und mit dicker Schmalzlocke über der Stirn. Die Konfrontation zwischen diesen „Modefreaks" – wie man „Stiljagi" am ehesten übersetzen könnte – und den ganz in Graublau gekleideten jungen Komsomolzen macht den Film aus. Vieles ist unrealistisch, vieles aber auch sehr genau dem sowjetischen Alltag nachgezeichnet. Das Leben in der Komunalka zum Beispiel. Der reiche Diplomatensohn, der die Freunde in Clubs einschleust, in die kein normalsterblicher Sowjetbürger je hineinkäme, die Komsomol-Versammlung, in der ein Student öffentlich gedemütigt wird, oder die Verhaftung zweier Burschen, die sich gegenseitig Jazzplatten verkaufen.

Oleg, von dem ich glaube, dass er ganz gerne manchmal so herumlaufen würde wie die „Stiljagi", findet jedenfalls, dass der Film seine und die Befindlichkeit seiner Generation ausgezeichnet widerspiegle, auch wenn er in den fünfziger Jahren des vorigen

Jahrhunderts spielt und nicht Ende der neunziger, als Oleg so alt war wie die Hauptdarsteller im Film.

Oleg spricht ausgezeichnet Englisch und reist gerne. Zu Weihnachten hat er mir einen Kalender geschenkt, den er mit Fotos von seinen Reisen durch halb Europa gestaltet hat. Mit einem Wort, Oleg betrachtet sich als richtigen Europäer und die Vorgänge in Russland als etwas, das ihn nur am Rande angeht. So wie viele seiner jungen Landsleute.

Kennengelernt habe ich ihn über Freunde. Wie so oft in der Zehn-Millionen-Stadt Moskau kennt irgendwie jeder jeden. Wir suchten einen Spezialisten für die Computer in unserem Büro, und eine gute Freundin meinte, da kenne sie einen. Dessen Vater hatte mit ihrem Vater im gleichen Institut gearbeitet. Und schon stand Oleg vor unserer Türe, mit rundem russischen Gesicht, dünnen hellbraunen Haaren, gepolsterten Schultern, zu breiter Krawatte und einem unwiderstehlichen Lächeln auf den Lippen. Nachdem er uns mehrmals buchstäblich in letzter Minute vor dem elektronischen Ruin gerettet hatte, wurden wir Freunde. Und Oleg erzählte mir aus seinem jungen Leben.

Der Großvater war ein hoher Beamter bei der zu Sowjetzeiten allmächtigen staatlichen Planungskommission. Und er war kein Parteimitglied, sagt Oleg voller Stolz und weist darauf hin, dass es eine absolute Seltenheit war, wenn einer ohne Parteibuch Karriere machte. Als die ersten Videokameras auftauchten, kaufte Olegs Vater eine, um den Großvater zu filmen. Und der sagte, wenn er etwas über seine, des Großvaters, Arbeit wissen wolle, möge er die Videokamera einfach an die Parteizeitung „Prawda" anschließen. Das war, nebenbei gesagt, eine Abwandlung eines allseits beliebten sowjetischen Witzes. Darin riet man den geplagten Sowjetbürgern, das Radio an den Kühlschrank anzuschließen, damals, als man um Lebensmittel Schlange stand, ständig Mangel an dem einen oder anderen Grundnahrungsmittel herrschte, während das Radio den Menschen tagein, tagaus davon erzählte, dass sie im besten aller Staaten und im besten aller politischen Systeme lebten.

Über seine verantwortungsvolle Arbeit in der Planungskommission konnte der Großvater ebenfalls nicht sprechen, das wäre ihn und die Familie teuer zu stehen gekommen. Denn diese Arbeit galt natürlich als streng geheim, und Olegs Großvater als Parteiloser musste vermutlich dreimal so vorsichtig sein wie seine Kollegen mit dem Parteibuch in der Tasche. Abgesehen davon ging es der Familie gut. Dank der Arbeit des Großvaters konnte man ins prestigeträchtigste Viertel Moskaus ziehen, auf den Kutusowski Prospekt, wo auch Breschnjew und andere Mitglieder der Nomenklatura ihre Stadtresidenzen hatten und auf dem die Kolonnen schwarzer Autos hinaus zu den Staatsdatschen fuhren. Auch heute noch tun sie das. Wenn Putin unterwegs ist, wird der Prospekt so weiträumig abgesperrt, dass ganz Moskau in einen unauflösbaren Stau gerät. Früher brausten die lang gestreckten schwarzen SILs auf den Sonderfahrstreifen dahin, heute sperrt man für die Mercedes und Volvos einfach die Straßen ab.

Olegs Vater studierte Physik, gegen den Willen des Großvaters, der wusste, dass das Physikstudium ihn der Atomindustrie nahe bringen würde, der militärischen wie der friedlichen. Und tatsächlich machte Olegs Vater im berühmten Kurtschatow-Institut Karriere, das für das sowjetische und später für das russische Atomprogramm verantwortlich zeichnete und zeichnet. Olegs Mutter kam aus einer einfachen Arbeiterfamilie, ist Ingenieurin in einer Rüstungsfabrik, beschäftigt sich aber nicht mit Rüstung. So sagt zumindest Oleg. Und er erwähnt noch, dass er eine zehn Jahre jüngere Schwester hat. Keine Seltenheit in Russland. Viele meiner Freunde haben ganz jung ihr erstes Kind bekommen und erst viele Jahre später ihr zweites. Dazwischen lagen berufliche Karriere, Scheidung und neue Partner, manchmal aber auch nur Jahre, in denen man an ein zweites Kind einfach nicht zu denken wagte. Weil die Wohnung zu klein, das Einkommen zu gering, das Leben zu mühsam war.

Das Jahr 1991 war für Oleg aus vielen Gründen ein bedeutsames. Zum einen wurde der damals Dreizehnjährige in das berühmteste sowjetische Ferienlager geschickt, nach Artek auf der Krim, wo zu Sowjetzeiten fast ausschließlich ausländische Kinder und nur wenige sehr privilegierte sowjetische Kinder Ferien machen durften. Ich erinnere mich, dass ich in Olegs Alter viel darum gegeben hätte, nach Artek fahren zu dürfen. Weil ich aber Russisch lernen sollte und in Artek alle Sprachen durcheinander gesprochen wurden, am wenigsten aber Russisch, schickte man mich ins Pionierlager der Moskauer Fabrik Stankolit, nahe Moskau. Dort verbrachte ich im Übrigen einen unvergesslichen Urlaub unter primitivsten Umständen, und der Neid auf jene, die nach Artek fuhren, blieb nur deshalb bestehen, weil dieses Lager am Meer lag, während wir im Moskauer Sommerregen froren.

In jenem historischen Sommer 1991 fuhr Oleg also nach Artek und machte Ferien mit Kindern aus aller Welt. Er sei der Einzige in seiner Gruppe gewesen, der stets das Pionierhalstuch getragen habe, erzählt er und lacht. Aus Protest, weil das damals schon nicht mehr modern war und keiner es tragen wollte. Genau deshalb habe er sich das rote Tuch Tag für Tag umgebunden. Andere Erinnerungen an das Pionierlager: Die Brasilianer trugen alle grüne Halstücher, auch deshalb habe er an seinem roten festgehalten. Die Deutschen konnten ebenso schlecht Englisch wie er selbst, weshalb er sich mit ihnen gut verstand. Seine Gruppe war kleiner als die der anderen. Kinder aus einem afrikanischen Land hätten dazukommen sollen, reisten aber aus irgendeinem Grund nicht an. Olegs Gruppe galt deshalb als privilegiert. Und die letzte Erinnerung: Oleg gewann einen Preis bei einem Tanzwettbewerb. Darüber muss er bis heute lachen.

Von Artek aus wurde Oleg so wie alle Moskauer Kinder auf die Datscha verfrachtet. Weil er in diesem Jahr aber in Russisch durchgefallen war und im Herbst eine Nachprüfung ablegen musste, holten ihn die Eltern Mitte August nach Moskau zurück. Konkret am 18. August 1991. Um sechs Uhr vierzig am nächsten Tag fuhren Panzer über den Kutusowski Prospekt, an dem Olegs Familie lebte. Die alten Männer hatten den Putschversuch gegen die Führung unter Michail Gorbatschow begonnen. Oleg meint, er habe keine Angst gehabt, und die Atmosphäre sei erstaunlich gelassen gewesen. Nur dass Radio und Fernsehen ständig „Schwanensee" gesendet hätten, habe alle ein bisschen nervös gemacht. Das kam in der Sowjetunion nämlich traditionell immer dann, wenn ein hoher Staatsfunktionär gestorben war. Auf der Datscha bei den Großeltern hatte es nur einen schlechten alten Schwarzweiß-Fernsehapparat gegeben. Zu Hause in Moskau angekommen, stürzte sich der Dreizehnjährige deshalb voller Vorfreude auf das nagelneue japanische Gerät und war sehr enttäuscht, auf allen Kanälen bloß „Schwanensee" zu sehen.

Später nahm ihn die Mutter mit zum Weißen Haus an der Moskwa, dem damaligen Zentrum des Widerstandes gegen die Putschisten. Vermutlich geschah das aber erst, als das Schlimmste schon vorbei und die Putschisten bereits verhaftet waren. Oleg erinnert sich nur dunkel. Im Fernsehen hätten sie darüber berichtet, dass ein Panzer einen Menschen überfahren habe, das sei schrecklich gewesen. Auch ich erinnere mich gut an jene Nacht, als drei junge Männer starben, in einer Unterführung am Gartenring, nahe dem Weißen Haus. In jener Nacht stand alles auf des Messers Schneide, keiner konnte schlafen gehen. Wir saßen in unserem Büro, hörten Nachrichten und warteten.

In Olegs Familie gab es keine Zweifel: Man war gegen die Putschisten und für Jelzin. Sein Vater fand, es müsse in Russland einen Nürnberger Prozess gegen die Kommunisten geben. Heute, sagt Oleg, habe sich das Blatt wieder gewendet, die Eltern seien ein wenig nostalgisch gestimmt, sehnten sich nach jenen Zeiten zurück, als alles klar und eindeutig war. Wie so viele in Russland heute. Die nach 1991 eingekehrte Normalität verlangt den Menschen tatsächlich viel ab, auch wenn ich nicht glauben kann, dass sich irgendjemand allen Ernstes die Sowjetunion zurückwünscht.

Den Aufstand des alten russischen Obersten Sowjet und den Beschuss des Weißen Hauses im Jahr 1993 erlebte Oleg dann schon etwas bewusster, zumal seine Schule ganz in der Nähe lag.

Damals, im Oktober 1993, rief man die Eltern zusammen, bat sie, die Kinder mit nach Hause zu nehmen und erklärte ihnen, dass man die Schule erst wieder öffnen werde, wenn alles vorbei sei. Damals, sagt Oleg, habe er wirklich Angst gehabt. Trotzdem gab es auch damals komische Geschichten. In Olegs Schule gab es einen amerikanischen Englischlehrer, der wohl, wie die meisten Amerikaner in Moskau, in einem der Häuser rund um die US-Botschaft wohnte, und diese wiederum liegt ganz in der Nähe des Weißen Hauses. Olegs Englischlehrer muss wohl, als das Weiße Haus schon beschossen worden war, hingegangen sein, aus Neugierde, wie so viele Moskauer auch. Jedenfalls sei er, als die Schule wieder offen war, voller Stolz mit dem „Moskowski Komsomolez" in der Hand erschienen, einer Zeitung, die damals schon nicht mehr besonders seriös war. Auf der ersten Seite aber prangte ein Foto mehrerer Männer, die aufgereiht an einer Wand standen, darunter deutlich erkennbar auch er selbst, der junge Amerikaner. Die Bildunterschrift lautete: „Ertappte Plünderer". Natürlich war Olegs Englischlehrer kein Plünderer, im Chaos der Schießerei aber war er vorübergehend von der Miliz festgenommen worden, und ein Fotograf des „Moskowski Komsomolez" hatte die Szene festgehalten.

Als wir so über die verschiedenen politischen Erdbeben sprechen, die Russland seit dem Ende der Sowjetunion erschüttert haben, zieht Oleg sein Gesicht in nachdenkliche Falten und sagt dann, für ihn habe es in diesen Jahren zwei entscheidende Momente gegeben. Der erste sei der Putsch 1991 gewesen, als die Sowjetunion zerfiel und ein neues Land, das neue Russland, entstand. Der zweite aber jener Moment, als Wladimir Putin, gerade erst zum Präsidenten gewählt, den einzigen wirklich professionell arbeitenden und unabhängigen Fernsehsender, nämlich NTW, habe schließen lassen. Diese beiden Augenblicke in der Geschichte definierten für ihn den Beginn und das Ende einer Epoche der Freiheit in Russland. Sein Vater habe sich wieder den Kommunisten zugewandt, sei der Meinung, dass man sie betrogen habe. Demokratie sei für ihn zum Schimpfwort verkommen, die heutige russische Führung verabscheue er ebenfalls.

Und Oleg? Der findet, dass es niemanden in dieser russischen Führung gibt, dem die Jugend wirklich glauben kann. Und dass die Wirtschaft seiner Meinung nach in die falsche Richtung geht. Davon versteht er etwas, denn seit Abschluss seines Studiums hat er schon so einiges ausprobiert. Er ist nicht nur der Computerdoktor vieler kleinerer Firmen, er war eine Zeit lang auch selbst Direktor einer Computerfirma und macht überhaupt jede Menge Geschäfte, von denen er mir nicht unbedingt erzählen will. Und er ärgert sich darüber, wie in Russland mit allen die Ökonomie betreffenden Themen umgegangen wird. Vor allem, wie das Steuersystem hier funktioniert. Denn, sagt er, eine Firma, die alle vorgeschriebenen Steuern auch wirklich zahle, die sei sofort pleite. Und von dieser Tatsache zehre auch die galoppierende Korruption im Land.

Trotzdem hofft Oleg auf eine vernünftige Entwicklung in wirtschaftlicher Hinsicht. Sicher ist er aber nicht. Denn jene, sagt er in Abwandlung eines Ausspruchs von Viktor Tschernomyrdin, die heute in Russland an der Macht sind, wollen nicht das Beste. Zumindest nicht für alle. Sie wollen nur ihre Pläne verwirklichen, und die kennt keiner.

Und weiter?

Niemand weiß, wie es weitergehen wird. Niemand wagt eine Prognose. Meine russischen Freunde versuchen sich manchmal in der Kunst der Prophetie, kaum je mit Erfolg. Wenn man gar nicht mehr weiter weiß, muss Tjutschews berühmter Ausspruch herhalten: Mit dem Verstand kann man Russland nicht begreifen, an Russland kann man nur glauben.

Das ist eine bequeme Erklärung für alle Dinge, die man einfach geschehen lässt. Für die Resignation, die sich so oft breitmacht. Für den Rückzug in die Privatsphäre, der es einem erspart, sich Tag für Tag mit den unangenehmen Seiten des Lebens in Russland auseinanderzusetzen.

Es ist Sommer geworden in Moskau. Abends bleibt es bis nach elf Uhr hell, und wenn es nicht gerade wieder einmal Schusterbuben regnet, kann man diese hellen Nächte zu vielerlei nutzen. Im Gorki-Park spazieren gehen oder noch besser an der Nikitskaja entlang flanieren und sich die eleganten Geschäfte anschauen. Durch die Fußgängerzone am alten Arbat schlendern und vergeblich nach den Souvenirständen Ausschau halten, die sind nämlich zum Roten Platz übersiedelt. Am Friedhof von Nowodewitschi die Gräber der Prominenten besuchen, jenes von Nikita Chruschtschow zum Beispiel oder von Wladimir Majakowski. Zu Julia Chruschtschowas Datscha im Schriftstellerdorf Peredelkino fahren und dort im sowjet-nostalgischen Restaurant „Deti Solnca" – also „Kinder der Sonne" – zu Abend essen.

Im Fernsehen kann man die Führer des Landes bei ihren alltäglichen Beschäftigungen beobachten. Wladimir Putin zum Beispiel besucht medienwirksam einen Supermarkt und moniert die zu hohen Lebensmittelpreise. Erst vor wenigen Wochen hat er in einem Ort bei St. Petersburg einen der ihm ergebenen Superreichen vor laufenden Kameras zusammengestaucht, weil er den Leuten in den örtlichen Betrieben die Löhne schuldig geblieben ist. Die Absicht hinter diesen Aktionen ist relativ leicht zu durchschauen: Putin kann nicht riskieren, seine Popularität angesichts der Wirtschaftskrise schwinden zu sehen, schließlich will er bald schon wieder russischer Präsident werden. Als ich das zu einem befreundeten russischen Soziologen sage, sieht der mich an und meint lakonisch: Wenn das geschieht, muss man emigrieren.

Aber die vielen Millionen wunderbarer Menschen im Land haben diese Wahl nicht. Sie wollen sie auch nicht, wollen hier leben. Und so suchen sie, jeder für sich, nach einer Nische, in der man sich einrichten kann. So wie damals unter Breschnjew, als die Menschenfresserzeiten vorüber waren und man nur etwas aufpassen musste mit dem, was man sagte.

Aber da sind ja noch die Jungen. Die wie Oleg oder noch Jüngere. Irgendwann werden auch die Putins und Medwedews zu den Alten gehören. Und dann kommt eine Generation, die das Wort KGB wirklich nur mehr vom Hörensagen kennt und die die Welt gesehen hat. Dann, vielleicht …

Moskauer Sommer

Das Licht über den Häusern
ohne Gnade.
Die Nacht ist Tag
für eine kurze Zeit.
Die Menschen atmen auf.
Im Grün der Bäume
liegt eine kleine Freiheit.
Man geht auf glühendem Asphalt
und freut sich
am Dunst der Hitze,
der die Stadt verhüllt.
Und wünscht sich,
dass ein bisschen davon bliebe
für später,
wenn das Leben ganz gefriert.

Moskau, im Sommer 2009

**Begegnungen,
Erinnerungen,
Einsichten.**

Lendvai, Paul
„BEST OF
PAUL LENDVAI"
208 Seiten, EUR 19,95
ISBN: 978-3-902404-66-4

**Der Antiamerikanismus
und seine Gründe.**

Löw, Raimund
„EINSAME
WELTMACHT"
Vorwort von Hugo Portisch
288 Seiten, EUR 23,60
ISBN: 978-3-902404-47-3

**Orient und Okzident im
Visier der Fundamen-
talisten.**

Kneissl, Karin
„DIE GEWALTSPIRALE"
336 Seiten, EUR 22,00
ISBN: 978-3-902404-39-8

Ein Buch schreibt Geschichte.

Lendvai, Paul
„MEIN ÖSTERREICH.
50 JAHRE HINTER DEN
KULISSEN DER MACHT"
328 Seiten, EUR 23,60
ISBN: 978-3-902404-46-6

Reporter aus Leidenschaft.

Orter, Friedrich
„HIMMELFAHRTEN.
HÖLLENTRIPS."
304 Seiten, EUR 23,60
ISBN: 978-3-902404-65-7

Wohin führt uns die Putinkratie?

Dox, Georg
„KAMPF UM DEN
KREML"
216 Seiten, EUR 19,95
ISBN: 978-3-902404-53-4

Reportagen und Augenzeugenberichte aus Regionen, die nicht unbedingt zu den Erholungsgebieten der Erde zählen.

Orter, Friedrich
„VERRÜCKTE WELT"
296 Seiten, EUR 23,60
ISBN: 978-3-902404-15-2

„Betroffen. Berührend. Beschwärmend."

Jelinek, Gerhard
„NACHRICHTEN
AUS DEM 4. REICH"
240 Seiten, EUR 22,50
ISBN: 978-3-902404-64-0

Spannend.